주보따리,
한글을
지키다!

주시경과 호머 헐버트의 한글 이야기

주보따리, 한글을 지키다!

안미란 글 ㅣ 방현일 그림
전국초등사회과교과모임 감수
서울대 뿌리깊은 역사나무 추천

토토북

차례

프롤로그 - 주보따리와 헐벗에 대해 6

개굴개굴 개구리 밤낮 울어도 10

푸른 눈과 까막눈 26

주경야독 주시경 42

역적이 돌아왔다 54

잎, 닢, 입, 립 무얼 골라 심을까 69

길을 찾는 자에겐 지도가 필요해 84

주보따리 달려라 102

당신 책은 위험하다 117

얼과 말과 글 128

한글, 하나이자 크고 바른 141

에필로그 - 그들이 떠난 뒤 151

깊이 보는 역사 - 한글 이야기 155

작가의 말 164

참고한 책 167

프롤로그

주보따리와 헐벗에 대해

내 이름은 평복이.

혹은 고루 기쁨이라고도 불러. 순우리말 이름을 하나 더 가지고 있어 행복하지.

내가 태어난 해는 조선과 일본이 강화도 조약을 맺었던 때야. 외세 열강이 호시탐탐 조선을 넘볼 기회만 노리던 때였지. 이렇게 먼 옛날, 나는 어떻게 순우리말 이름을 갖게 되었을까?

물론 동네 아이들은 개똥이, 차돌이, 언년이처럼 우리말로 이름을 지어 부르기는 했지. 하지만 다 자라 어른 행세를 하려면 성과 돌림자를 넣어 지은 한자 이름을 쓰는 게 당연했어. 나에게 순우리말 이름을 짓게 만든 벗, 주시경의 이야기를 지금부터 들려줄게.

나랑 동갑이었던 친구, 시경은 우리 글자에 '한글'이라는 우리말 이름을 붙인 사람이야. 또 수많은 한글학자를 길러 낸 훌륭한 스승이기도 하지.

시경의 별명은 주보따리였어. 보따리가 뭔지 알지? 커다란 헝겊 보자기에 물건을 넣어 꼭꼭 동여맨 거 말이야. 시경은 가방 대신 보따리를 들고 다녔어. 가방 살 돈이 부족해서 그렇기도 했지만, 짐이 워낙 많아 가방에 다 넣을 수가 없었거든. 수많은 책, 강의록, 학생들의 숙제 공책, 교정 볼 원고…… 그리고 끼니를 때울 주먹밥까지. 오만 것을 싸들고 다녔어. 이 학교에서 저 학교로 우리말 수업을 할 수 있는 곳이라면 어디든 가리지 않고 뛰어다녔지. 보따리를 들고서 말이야. 그 친구는 말수가 적고 늘 신중하게 행동했어. 나랑 어울려 다니느라 어른들한테 꾸중을 들은 적은 많지만 말이야. 내가 어릴 적엔 꽤나 개구쟁이였 거든.

그리고 또 한 사람, 호머 헐버트라는 사람을 빼놓을 수가 없어. 호머 헐버트 씨는 시경의 스승이자, 동지이자 한글 연구가였어. 물론 나와도 각별한 인연이 있고.

그분을 만났을 때 나는 열두 살이었어. 그때 헐 선비, 그러니까 헐버트 씨는 조선에 온 지 겨우 여섯 달밖에 되지 않았단다. 그런데 곧잘 조선말을 해서 사 람들을 깜짝 놀라게 만들곤 했어.

그게 어떻게 가능했을까?

고종 임금님이 다스리던 그 당시에는 영어를 할 줄 아는 사람이 조선 팔도에 단 한 사람도 없었어. 당연히 영어를 통역해 줄 사람도 없었고. 통역이 다 뭐야, 노란 머리카락에 푸른색 눈동자를 보면 다들 혼비백산 줄행랑치기 바빴는걸. 조선 사람 눈에 그는 '서양 귀신'처럼 보였을 거야. 하지만 헐버트 씨는 매우 친절하고 웃기 좋아해서 금세 사람들과 친해졌어.

그리고 또 하나, 헐버트 씨는 호기심이 많았어. 그걸 어떻게 아냐고?

나로 말할 것 같으면 그 헐버트 씨를 가르친 선생이라고 해 두지.

아, 그리고 헐버트 씨라는 이름 대신 지금부터는 '헐벗'이라고 쓸게. 우리들은 낯선 서양 이름을 발음하는 게 어색해서 '헐버트'라고 불렀지만 그는 한글로 또박또박 '헐벗'이라고 적었거든.

헐벗!

어때, 듣기 좋지? 벗은 먼 데서 찾아와도 반갑고, 늘 곁에 있어도 좋고, 나와 뜻을 함께하니 더욱 좋은 사람 아니겠어?

나의 친구 시경은 우리 글자에 '한글'이라는 우리말 이름을 붙인 사람이야. 세종 대왕은 우리글을 창제할 때 훈민정음, 즉 백성을 가르치는 바른 소리라는 뜻의 이름을 붙였어. 그런데 시경이 살던 시대의 사람들은 훈민정음을 언문이라고 낮추며 쓰지 않았어. 그러다 1910년에 일본에게 나라를 빼앗기고 난 뒤로 더 이상 '국문'이라는 말을 쓰기가 곤란해졌어. 일본어를 국어라고 배워야 했으니까. 우리말로 된 우리글의 이름을 붙인 사람, 그가 바로 주시경이야. 시경은 훌륭한 스승이기도 해. 간악한 일제의 탄압에 맞서 우리말과 글을 지키고 연구한 수많은 한글학자를 길러 냈거든.

 이런 시경에게 헐벗은 학교 선생님이자 직장의 상사였지만 더 중요한 의미가 있는 분이었어. 함께 한글을 연구하고 대한의 독립을 열망하는 동지였던 것이지. 동지가 뭐냐고? 동지는 나와 뜻이 같고, 함께 공동의 목적을 이루기 위해 애쓰는 사람을 존경과 사랑의 뜻으로 부를 때 쓰는 말이야.

 헐벗의 선생이었던 나 평복이 한글학자 주시경과 호머 헐버트, 두 사람의 만남에 관해 들려줄게. 기대하시라, 주보따리와 헐벗의 이야기를!

개굴개굴 개구리
밤낮 울어도

"소왈일종청어예 도상초초효작제."

훈장 선생님의 목소리는 높낮이 없이 일정했다. 이마가 반들반들, 땀에 젖은 아이들이 그 말을 따라 읽었다.

"소왈일종청어예 도상초초효작제."

훈장 선생님이 곰방대로 재떨이를 땅땅 두드렸다.

"이 시의 뜻이 뭔지 말해 보아라."

아이들은 머리를 긁적였다.

맨 뒤에 앉은 시경*은 글자 하나하나 뜻을 새겨 보느라 눈을 빛냈다. 시경은 제법 글을 읽었다. 그러나 옆에 앉은 평복은 게슴츠레 눈이 풀리

---

*   주시경의 어린 시절 이름은 '상호'였음. 배재 학당 시절에도 이 이름을 썼지만 본 책에서는 이해를 돕기 위하여 줄곧 '시경'이라는 이름을 쓰기로 함.

고 있었다. 한참 동안 글공부를 했으니 소르르 잠이 올 법도 했다.

'소와, 작은 개구리? 개구리가 어쨌다는 거지?'

시경은 미처 익히지 못한 글자가 하나 있었다. 풀을 뜻하는 부수가 있는 걸로 보아 무슨 풀이나 채소 같은 것일지도 몰랐다.

훈장님은 한 번 더 재떨이를 땅땅 두드렸다. 그 바람에 평복이 화들짝 놀라서 깼다.

"예에!"

아이들이 웃음을 참느라 킥킥거렸다.

"어허, 평복이 이 녀석. 글공부는 평생해도 모자라거늘 이렇게 게을러서야."

훈장님은 헛기침을 하더니 뜻을 풀이하기 시작했다.

"쑥보다 더 새파란 청개구리 한 마리가 파초 끝에 뛰어올라 까치처럼 깍깍 우는구나."

제일 앞에 앉은 꼬맹이가 말했다.

"맞아요, 스승님! 청개구리란 놈의 소리를 잘 들으면 깍깍 깍깍거립니다."

시경이 고개를 갸웃갸웃했다.

'아홉 살짜리 꼬마도 이해할 수 있는 시의 내용을 왜 처음엔 알아듣기 어려울까?'

훈장님은 곰방대에 담배를 꾹꾹 눌러 담았다.

"자, 오늘 배운 걸 큰 소리로 읽어 보거라. 꾀부리지 말고."

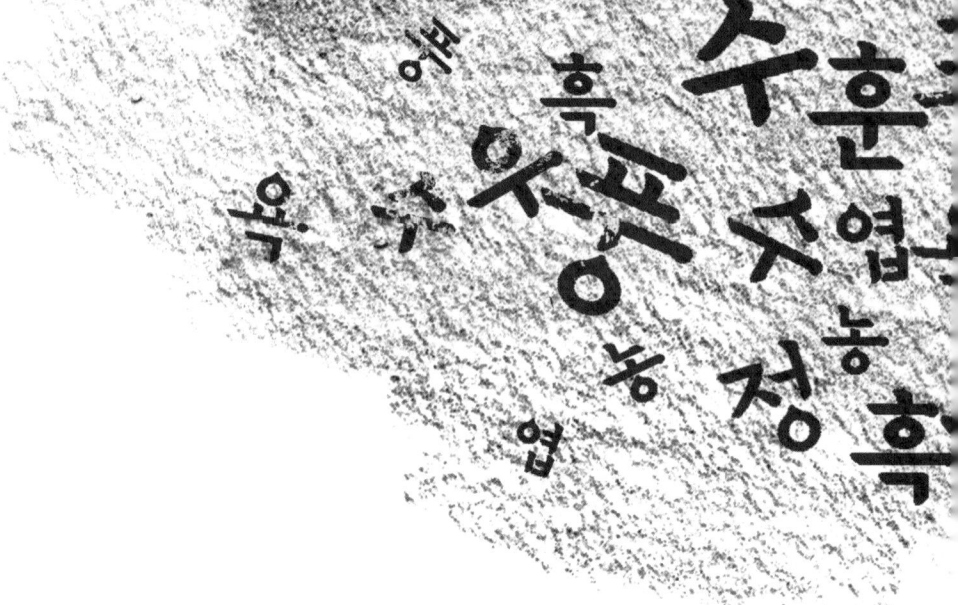

　훈장님이 곰방대를 쪼옥 빨자 볼이 쏙 들어갔다. 뿌연 연기가 폴폴 피어났다. 아이들은 큰 소리로 글을 읽었다.
　"수수훈풍엽욕제 정농흑우수봉서 소와일종청어예 도상초초효작제."
　아이들의 소리는 여름날 저녁 개구리 떼 소리처럼 낭랑했다. 훈장님이 뿜어내는 연기는 마치 연못가에 낀 안개처럼 개구리 소리를 휘감았다.
　"오늘은 이만 끝!"
　훈장님은 낮잠이라도 주무시려는지 목침을 꺼내고 옆으로 드러누웠다. 아이들은 개구리가 뛰듯 바깥으로 뛰어나갔다.
　평복이 시경에게 뒷산 개울로 놀러 가자며 꼬드겼다.

"개구리 잡으러 가자!"

시경은 그럴 처지가 되지 못했다.

"집에 가 봐야 해. 일손을 거들기엔 동생들이 아직 너무 어리잖아."

"걱정 마. 금세 갔다 오면 돼. 올 때는 뛰면 되고. 산딸기도 따 오면 좋잖아?"

시경은 마음이 흔들렸다.

"그깟 개구리 잡아서 뭐하게?"

평복이 앞장서 가며 대답했다. 신나는 일이 있는지 연신 벙긋거렸다.

"줄 사람이 있어. 개구리를 가져가면 달걀로 바꿔 줄걸."

"말도 안 돼. 누가 개구리 고기라도 먹는다니? 달걀로 바꿔 주게."

"너, 서양 귀신 얘기 들었지?"

시경도 그 소문은 들었다. 남들 머리통 하나만큼이나 키가 크고 머리카락은 노리끼리한 게 도깨비같이 생겼다고 했다. 게다가 눈동자는 검지 않고 파래서 똑바로 보면 혼이 빨린다고 했다. 심지어 곁에 가면 사나운 들짐승한테서 나는 노린내가 난다고 했다.

평복은 시경의 귀에 대고 속삭였다.

"나, 그 서양 귀신 만났다."

시경은 깜짝 놀랐다.

"언제?"

"벌써 며칠 됐어."

"너 엊그제 서당까지 빼먹더니 설마 서양 귀신 구경하려고 그런 거야?"

평복은 침을 꿀꺽, 삼켰다.

"쫌 있다 만나러 갈 거야. 너도 갈래?"

시경은 오금이 저려 왔다. 잘못해서 파란 눈동자랑 마주치기라도 하면 어쩌나. 정말 혼을 쏙 빼앗겨서 정신을 잃으면 큰일이었다. 도깨비를 만난 적 있다던 할머니 할아버지 이야기는 이야기라서 재미있는 것이지, 자기가 주인공이 되고 싶지는 않았다.

시경은 평복이 한 말의 앞뒤를 꿰맞춰 봤다.

"그, 그럼 서양 귀신한테 개구리를 갖다 주고 달걀을 받는 거야? 식성도 고약하다. 올해는 흉년도 아닌데, 콩도 있고 보리도 있고 쌀도 있는데 왜 개구리를 먹는다니?"

시경은 평복이 걱정되었다. 흉악한 서양 귀신을 만나러 간다니, 단단히 홀린 게 분명했다.

평복은 아랑곳하지 않고 더 신이 나서 떠벌렸다.

"그 사람이 먹고 싶다면 먹으라고 하지 뭐."

시경의 얼굴이 일그러졌다. 평복이 깔깔대고 웃었다.

"처음엔 나도 무서웠는데, 알고 보면 친절한 사람이야. 너는 멀리 숨어서 구경만 해. 나랑 그 서양 사람이란 뭘 하는지."

시경은 밭일에 집안일에 지쳐 자신을 기다리고 있을 식구들이 생각났다. 그렇지만 끓어오르는 호기심을 누르지는 못했다.

"좋아. 대신 난 멀리서 보기만 할 거야. 먼저 올지도 몰라."

"걱정 말래도. 앗, 저기 개구리!"

평복은 숨을 죽이고 살금살금 기었다. 호흡을 멈추는가 싶더니, 한 번에 탁! 하고 손아귀에 조그만 청개구리를 가뒀다. 이런 것쯤은 놀기 좋아하는 평복에게 식은 죽 먹기였다.

"한 마리면 돼."

시경은 고개를 갸웃했다. 엄지손톱만 한 청개구리 한 마리는 먹기에 좀 작지 싶었다.

평복은 축축한 나뭇잎을 따 청개구리를 잘 감싸 쥐었다.

"가자! 저 아래 기와집이랑 벽돌집 많은 거리까지 가야 해."

시경도 발걸음이 가벼워졌다. 벽돌집 구경을 하는 건 언제라도 신기했다. 자기 마을에서는 다 쓰러져 가는 흙담에 짚으로 이엉을 올린 지붕 밖에 볼 수가 없었다.

거리는 번잡했다. 길 한쪽으로는 소달구지에 짐을 실은 사람이, 한가운데로는 부인네를 태운 인력거가 지나갔다. 시경과 평복은 사방을 구경하랴 길을 재촉하랴 마음이 바빴다.

붉은 벽돌집을 지나 궁궐 가까운 곳까지 한참 걸으니 그 서양 사람이 산다는 집에 도착했다.

평복이 대문을 두드렸다.

"문지기 할아버지! 저 왔어요."

마당을 쓸던 문지기가 문을 빼꼼 열고 나왔다.

"나리께서 아까부터 기다리신다."

문지기는 시경을 위아래로 훑어보았다. 문안으로 들일지 말지 고민하는 눈치였다.

"네놈은 뭐냐? 서리 가거라."

문지기는 시경을 마치 거지 아이 대하듯 손을 휘휘 내저었다.

그때였다.

"컴 인, 컴 인."

알아들을 수 없는 말이 들리고 안쪽에서 누군가 손짓을 했다. 시경은 그 자리에서 발이 딱 얼어붙는 것만 같았다. 그런 시경을 평복은 잡아끌었다.

"괜찮아, 괜찮아. 친절한 어른이라니까."

평복에게 이끌려 안으로 들어갔다. 듣던 대로 그 사람은 키가 컸다. 얼굴색도 달랐고 머리칼 색도 달랐다. 검은 옷을 입었는데 이것이 서양식 도포인지 소매 폭이며 바지가 좁아서 상스러웠다.

그는 시경에게 오른손을 내밀었다.

"으아악!"

시경은 놀라서 그만 엉덩방아를 찧고 말았다. 자기를 잡아먹으려는 것만 같았다.

그 사람은 멋쩍은지 내밀던 손을 거두고 자기 머리만 쓰다듬는 척했다. 첫 만남의 인사로 악수를 하려는 것인지 시경은 몰랐다, 그때는.

시경은 툇마루에 걸터앉았다. 마루 기둥을 끌어안다시피 하고 얼굴은 반쯤만 내민 채 평복이 무얼 하나 지켜보았다.

평복은 손바닥을 폈다.

"개구리."

서양 사람이 그 소리를 따라 했다.

"케구……?"

"개, 구, 리."

"개구리!"

개구리는 그 틈을 타서 폴짝 뛰어 달아났다.

평복이 그 자리에서 개구리처럼 폴짝 뛰며 말했다.

"뛴다."

서양 사람도 똑같이 따라 뛰었다.

"티다."

"아니, 아니. 뛴, 다!"

"티, 다."

이제 보니 평복은 서양 사람에게 우리말을 가르치는 중이었다. 그 서양 사람은 손에 들고 있던 공책을 펴서 뭔가를 적었다. 평복에게 배운 낱말을 그 자리에서 바로바로 기록하는 것이었다.

시경은 신기한 듯 그 모습을 바라보았다.

'붓으로 쓰는 게 아니라, 가느다란 침 같은 걸로 글을 쓰네.'

평복과 서양 사람은 서로 치기도 하고 웃기도 하고 온갖 흉내를 내며 떠들었다. 마치 무슨 놀이를 하는 것 같았다.

'다 큰 어른이 어린애랑 저러고 놀다니.'

서양 사람에게는 양반도 종도 없는 것일까. 영 체통이 없어 보였다.

한참을 그러고 노는 것 같던 두 사람이 땀을 닦으며 툇마루로 왔다.

"어르신, 얘는 내 친구예요. 친, 구."

평복의 말에 시경은 자기도 모르게 벌떡 일어나 고개를 숙였다. 공손한 인사였다. 서양 사람은 아까처럼 손을 내밀거나 하지는 않았다. 시경이 놀랄까 봐 조심하는 눈치였다.

"칭, 구?"

평복이 다시 손을 저었다.

"아니, 아니. 이름이 친구가 아니고 내 친구라고요. 우리 둘이 친구."

평복은 시경의 어깨에 자기 팔을 둘렀다.

"이렇게 어깨동무하는 친구, 동무라고요, 나의 벗."

평복은 한 번 더 천천히 친구, 동무, 벗을 큰 소리로 말해 주었다.

서양 사람이 빙그레 웃더니 공책에 또 뭔가를 적었다. 평복에게 새로 배우는 말을 적어 놓는 것 같았다.

시경의 눈은 자연스레 그쪽으로 쏠렸다. 한자도 아닌 것이 일본말도 아닌 것이, 그렇다고 언문도 아닌 생전 처음 보는 글자였다. 꼬부랑꼬부랑 마치 애벌레 한 마리가 기어간 자국을 표시한 것 같았다.

서양 사람은 시경이 옆구리에 끼고 있는 서책을 가리켰다. 서당에서 곧장 오느라 여전히 책을 끼고 있었던 것이다.

평복은 눈치 빠르게 책을 펼쳐 보여 주었다.

"서책, 책! 내 친구 시경이는 글공부를 잘해요. 나는……."

평복이 머리를 긁적였다.

서양 사람은 시경의 책을 보더니 매우 놀라워했다. 그리고 알아들을 수 없는 말로 빠르게 뭐라고 했다. 이렇게 어려운 걸 공부하다니 대단하다고 하는 걸까. 여기 있는 글자를 다 아냐고 묻는 걸까? 자기한테도 가르쳐 달라고 하는 걸까. 시경은 도무지 알 수 없었다.

그러나 시경이 확실하게 아는 게 하나 있었다.

'내가 평생 공부해도 이 세상 한자를 다 익히고 죽지는 못할 거야. 저 서양 사람이 쓰는 꼬부랑 글자도 그런 걸까. 배우고 배워도 다 배울 수 없는. 배웠다고 쳐도 우리말의 뜻을 다 옮겨 담을 수 없는 그런 글자일까.'

언제 왔는지 문지기 할아버지가 왔다. 손에는 달걀 한 꾸러미를 들고 있었다. 서양 사람이 손짓을 했다. 그것을 평복에게 주라는 뜻인 것 같았다.

문지기가 말했다.

"손짓에 발짓에 표정까지 다 동원하면 뭔 명령을 하시는 건지 대충 알아먹는 법이란다."

문지기는 평복에게 달걀 꾸러미를 건넸다.

"오늘이 닷새째니까 달걀은 이만큼. 내일도 요맘때 오려무나."

평복과 시경이 일어서려는데, 서양 사람이 잠시 기다리라는 듯 손을 저었다. 그는 급히 방 안으로 들어가더니 큼직한 종이 한 장을 들고 나왔다.

시경이 잘 아는 글자로 적힌 종이였다.

"《한성순보》. 임금님의 명으로 발간했던 신문이네요."

시경은 신문이 뭔지 잘은 몰랐다. 어른들이 하는 이야기를 주워들었을 뿐이었다. 《한성순보》는 우리나라에서 발간된 최초의 신문이었다.

나라 안팎에서 일어나는 새로운 소식을 종이에 적어 널리 알리는 게 목적이라고 했다.

서양 사람은 《한성순보》에 적힌 글자를 읽지 못하는 것 같았다. 그는 신문을 펼쳐 제일 앞면의 그림을 가리켰다.

시경은 그림의 제목을 읽었다.

"〈지구도해〉?"

서양 사람은 손가락을 짚으며 말했다.

"초센, 초센. 코리아!"

평복이 되물었다.

"조선? 우리요?"

서양 사람이 고개를 끄덕였다. 그리고는 반대편 한곳을 또 손가락으로 가리켰다.

"아메리카."

자기는 그곳에서 왔다는 뜻인 것 같았다. 서양 사람이 자기 가슴을 가리키며 말했다.

"호머 헐벗."

평복이 시경의 허벅지 위에 손가락 글씨를 썼다.

헐벗

평복은 언문으로 그의 이름을 적어 주었다. 헐벗은 평복을 가리키며

"팽복"이라고 하더니 시경을 가리키며 고개를 갸웃했다.

시경은 반사적으로 내납했다.

"주시경입니다. 시경."

그날 밤 시경은 잠자리에 누워서도 좀처럼 잠을 이루기 어려웠다. 문 밖에는 개구리 떼가 왁다글왁다글 시끄럽게 울어 댔다. 아니 자기 머릿속에서 개구리가 와글와글 대는 것처럼 잡생각이 끊이질 않았다.

그리고 〈지구도해〉라는 그림. 이 세상 땅덩이가 평평한 게 아니라 달 걀처럼 둥글다니, 청나라가 이 세상 한가운데가 아니라니, 청나라 말고 다른 여러 땅덩이들이 있다니, 놀라울 따름이었다.

더 넓어진 세상을 알리기 위해 발간한 신문 《한성순보》, 거기에 만국 지도를 실은 뜻은 우리도 세계만방을 알아야 한다는 뜻이라고 했다. 그러려고 먼 나라에서 서양 선생을 불러와 서양의 지식을 교육시키려는 것이라고 했다.

서양 선생, 헐벗.

중국도 러시아도 일본도 아닌, 생전 처음 들어 본 나라 아메리카에서 온 선비.

'헐 선비는 살아 있으니 귀신이라고 할 수는 없고 그럼, 우리 조선의 벗일까.'

시경은 개구리 울음 소리를 자장가 삼아 천천히 잠이 들었다.

푸른 눈과
까막눈

시경의 나이 열여덟이 되었다. 키도 크고 어깨도 떡 벌어져서 한 사람 몫의 일을 너끈히 해낼 것 같았다. 그렇지만 여전히 뒤로 길게 땋아서 늘어뜨린 머리 모양을 보면 어린아이 취급을 받아도 할 말이 없을 듯했다.

'장날인데도 손님이 뜸하네.'

시경은 옷감 위에 쌓인 먼지를 털고 또 털었다. 돌돌 말리거나 네모지게 접은 옷감의 끝줄을 정성껏 맞췄다. 예전 같으면 긴 자를 들고 옷감 끊어 주랴, 돈 받으랴, 배달하랴 눈코 뜰 새 없이 바빴지만 요즘은 통 그러질 못했다.

안쪽에서 큰아버지가 기척을 했다.

"시경아, 어디 볼일 있으면 다녀오너라. 나 혼자 점방을 지켜도 되겠구나."

시경은 큰아버지 쪽으로 몸을 돌려 공손히 말했다.

"일은요, 무슨. 제가 손님 맞을 테니 큰아버지께서는 다른 볼일 있으시면 마음 편히 다녀오세요. 가게 걱정은 마시고요."

큰아버지는 오른손으로 왼편 토시에 붙은 실오라기 하나를 잡아 올렸다. 검은 천으로 만든 토시라 흰 실이 눈에 잘 띄었다.

"다른 볼일이 없어서 걱정이다. 저쪽 일본 사람이 차린 옷감 가게는 발 디딜 틈이 없어 보이는구나."

시경도 큰아버지의 눈길을 좇아 왜인이 운영하는 포목점을 바라보았다. 쉴 새 없이 사람들이 들락날락하는 것이 장사가 매우 잘되는 것 같았다.

"조선산 광목은 점점 인기가 떨어지는구나. 지난달에도 적자였는데 이번 달도 별반 다를 것 같지 않는구나. 그래서 하는 말이다마는……."

시경은 큰아버지가 무슨 이야기를 하려는 건지 짐작이 갔다. 큰아버지의 살림이 점점 어려워지고 있는 건 말로 하지 않아도 뻔했다.

"아닙니다. 큰아버님께서 저를 한성으로 불러들여 이만큼이나 공부를 시켜 주셔서 늘 감사하게 여기고 있습니다."

시경은 고향에 계신 어머니와 아버지, 형 그리고 동생들이 생각났다. 황해도 구석의 작은 마을, 덜렁봉이라는 앞산이 보이는 무릉골은 정겨운 곳이었다. 그 고향을 떠나 한성으로 온 것은 큰아버지 덕이었다.

큰아버지는 조선 팔도를 죽음의 도가니로 몰아넣은 열병 탓에 아들을 잃고 딸도 잃었다. 고약한 돌림병은 아이들을 고열에 시달리게 하고

몇날 며칠 물똥만 싸게 하더니 결국 목숨을 앗아가 버렸다. 그 즈음 남대문 밖에는 돌림병으로 죽은 어린아이들의 시체가 넘쳐 났었다.

큰아버지는 의젓한 시경을 굽어보았다. 동생의 둘째 아들을 자기 양자로 삼은 것은 어쩔 수가 없었다. 자신이 장남이기 때문에 집안의 대를 이어야 했고 제사를 물려주어야 했다.

"시경아, 내 무슨 수를 써서라도 네 공부만은 끝까지 시키고 싶구나."

시경도 큰아버지의 마음을 일지민 그 말만 믿고 넋 놓고 있기에는 마음이 답답했다. 빚에 쪼들려 이 가게마저 팔려고 내놓은 것을 알았기 때문이다.

둘은 어색하게 말문이 끊기고 말았다.

그때 평복이 들어왔다. 평복이 우렁찬 목소리로 인사를 했다.

"어르신, 그간 편안히 지내셨습니까?"

평복은 저고리 위에 먹물 들인 조끼를 덧입었다. 거기에 모자까지 푹 눌러써 신식 청년같이 보였다.

큰아버지는 평복이 오자 시장 골목을 한 바퀴 돌고 온다며 자리를 떴다. 시경은 평복을 보자 마음이 더 답답해졌다. 물어보고 싶지 않았지만 결국 물어봐야 직성이 풀리는 시경이었다.

"평복아, 훈장님은 잘 계시지?"

수업료를 내지 못해서 서당에 못 간 지 벌써 한 달이 넘었다. 그동안 혼자 책을 펼치고 공부를 했지만 마음이 허전한 건 어쩔 수 없었다. 그런데 평복의 대답은 뜻밖이었다.

"나도 요새 서당에 안 간다."

"아니 왜?"

평복은 조끼 주머니를 툭툭 쳤다.

"취직했어."

"취직? 글공부는 어쩌고."

평복이 말했다.

"너도 생각해 봐. 지금 세상은 바뀌었어. 궁궐에 전깃불이 들어오고 기차가 달리는 세상이야. 이런 대명천지 시대에 곰팡내 나는 한자만 파고 있으면 무슨 수가 난다니? 평생 배워도 다 알기 어려운 글자, 게다가 옛날 옛적 중국 성현들의 말씀이니 뭐니 고리타분한 소리만 늘어놓는 공부가 무슨 소용이야?"

시경도 그런 생각을 해 보지 않은 것은 아니었다. 그러나 배우지 않으면 지혜를 얻을 수 없었다. 지금으로서는 배우는 것, 그게 무엇이든 그저 배우는 것 외에는 할 수 있는 게 없었다.

"무슨 일을 하는데?"

시경이 눈을 반짝이며 물었다.

평복은 다섯 손가락을 쫙 펼치더니 시경의 코끝에 바짝 댔다. 알싸한 냄새가 코를 찔렀다.

"이건?"

"맞아. 석유 냄새야. 석유 가게에 배달원으로 취직했어. 주인 영감이 일만 잘하면 자전거도 탈 수 있게 해 준댔어. 아직은 내가 온 날도 얼마 되지 않고 해서 등에 지고 뛰어다니지만. 너도 생각해 봐. 그 비싼 자전거를 내가 흠집이라도 내면 곤란하잖아?"

석유는 다른 기름보다 곱절이나 비쌌다. 시경네는 양초를 쓰거나 관솔*불을 썼다.

"석유 사다 쓰는 사람이 얼마나 된다고 그래."

---

* 송진이 많이 엉긴, 소나무의 가지나 옹이에 붙인 불.

"너 모르는 소리 마라. 조선만 어두컴컴 한밤중이야. 앞으로 석유는 점점 많이 쓰이게 될 거고, 난 출세할 거다. 번듯한 석유 가게 사장이 되고 말 거야."

시경은 조선만 어두컴컴 한밤중이라는 말이 마음에 걸렸다. 왜놈이라고 깔보던 일본인들이 한성 거리를 활보하고 나라 살림에 간섭하기 시작한데다 자기네 군인과 대포까지 들여오는 세상이었다.

평복이 말했다.

"서양의 힘센 나라들처럼 문명의 빛을 받아들여야 해. 한갓 왜놈들이 왜 이렇게 기세등등해졌겠니? 서양의 빛을 잽싸게 자기들 것으로 받아들이고 흉내 냈기 때문이야. 나는 중국 글자 배우느라 세월 썩히느니 장사를 배울 거야. 어차피 시경이 너처럼 머리가 트인 것도 아니고."

시경은 평복의 칭찬에도 기분이 좋아지지 않았다. 시경은 평복보다 글을 빨리 깨쳤고, 배우기도 즐겼다. 그러면 뭐하나. 당장 수업료가 없어서 집에서 이러고 있는걸.

"시경아, 너 오늘 밤에 종로에 나가 볼래?"

"종로엔 왜?"

평복의 얼굴이 진지했다.

"나는 석유 배달꾼. 구석구석 온갖 새로운 소식은 모르는 게 없지. 너, 배재 학당이라고 들어 봤어?"

배재 학당은 한문이 아닌 서양식 신학문을 가르치는 학교라고 했다. 시경은 신학문이 무엇인지 궁금했다. 그러나 여기도 수업료를 내겠지하는 생각이 들자 기운이 빠졌다.

"종로에 가면 그 배재 학당 선생들이 길을 지나는 청년들에게 말을 붙인대. 자기네 학생으로 올 생각 없냐면서."

"선생이 아니라 장사치들 같군."

"아니, 돈은 안 받아."

돈을 안 받는다는 말에 시경의 귀가 솔깃해졌다.

"그럼 왜 길에 나서서 학생을 구하는데?"

"돈 말고 다른 조건이 하나 있거든."

평복은 그 조건이 뭔지 알려 주지 않고 일어났다.

"나 간다. 시간 나면 오늘 밤 종로에 가 보든지."

"다른 조건이 뭔데?"

평복은 쌩하니 달려가며 외쳤다.

"네가 알아봐."

땅거미가 지고 시장도 서서히 파했다. 시경은 옷감을 정리하고 천막을 내렸다. 뒷정리가 끝나자 괜히 마음이 싱숭생숭해졌다.

'돈을 안 받고 신학문을 가르쳐 준다고?'

시경은 그 학당에서 내거는 조건이 무엇인지 중요하지 않았다. 공부를 하지 않고 세월을 죽이는 자신이 너무나 답답하고 숨이 막힐 뿐이었다.

'그래, 가 보자. 그 조건이 뭔지 알아보고 나서 결정해도 늦지 않아.'

시경은 짚신을 단단히 동여매고 종로로 갔다.

종로 거리엔 어스름이 깔렸는데도 사람들이 많았다. 저마다 바삐 길을 걸어가는 통에 서로 어깨가 부딪칠 것 같았다. 시경은 여기저기를 두리번거렸다. 그때 등불을 들고 외치는 한 사내가 눈에 띄었다.

"어두컴컴한 밤, 잠든 아이처럼 아무것도 모르는 조선의 청년이여, 밝은 빛의 지혜를 구합시다."

시경의 눈에서 빛이 났다. 그 사람은 시경에게 다가오더니 빙그레 웃었다.

"나는 배재 학당 선생이오. 오늘 저희 집에서 공부 모임이 있는데 함께 가 보지 않겠소?"

시경은 그 사람을 따라갔다.

그 사람을 따라간 곳은 배재 학당 교사 정인덕의 집이었다. 그의 좁은 방에는 벌써 대여섯 명의 청년들이 앉아 있어서 좁았다. 양반다리로 앉은 무릎과 무릎이 맞닿을 지경이었다. 한가운데 밝혀 둔 호롱불 심지가 까무룩 졸 듯이 흔들렸다.

"신학문이라는 것은 공자 왈 맹자 왈 읊는 공부와는 달라요. 이 세상이 어떻게 생겼는지, 이 지구에 어떤 인종이 살고 어떤 땅덩이들이 있으며 먼 바다 건너는 어떻게 생겼는지 알려 준다오. 지리와 천문, 수학, 과학처럼 실생활에 유용하여 나라의 기틀을 마련할 수 있는 학문이라는 말이지요."

시경은 그 사람들의 말에 호기심이 일었다.

박세양이라는 선생이 세계 지도를 꺼내 보여 주었다.

한 가지 기억이 시경의 머릿속을 스치고 지나갔다. 세계 지도를 보여 주며 자기가 온 곳이라고 알려 주던 푸른 눈의 서양 사람.

박세양이 말했다.

"세계의 강국들은 저마다 고유한 글자가 있어요. 영어를 쓰는 나라, 독일어를 쓰는 나라, 프랑스어를 쓰는 나라. 그런데 이 나라들이 쓰는 글자는 한문처럼 뜻글자가 아니라 소리글자를 쓴다고 합니다."

"소리글자요?"

시경은 자기도 모르게 반문하고 말았다.

"소리글자라면 세종 대왕께서 만든 언문 같은 거 아닙니까?"

언문은 아녀자들이나 어린애들이 쓰는 글자였다. 누구나 쉽게 배워서 그저 소리 나는 대로 적으면 되는 거였다. 시경도 언문을 쓸 줄 알았다. 흙바닥에 꼬챙이로 이리저리 그리면서 놀다 보면 골목길 개구쟁이들도 깨칠 수 있는 글이었다.

선생은 책 한 권을 펼쳐서 모인 사람들에게 보여 주었다.

"이게 언문으로 쓰인 책입니다."

그 책의 제목은 『사민필지』였다. 선비 사(士), 백성 민(民), 반드시 필 (必), 알 지(知). 선비든 백성이든 모두가 반드시 알아야 할 지식이라는 뜻이었다.

시경의 옆에 앉은 청년이 그 책을 받아 들고 조심스레 넘겨 보았다. 시경은 왠지 모르게 가슴이 벅차올랐다. 부끄러울 것도 없이 그 사람의 어깨에 얼굴을 바짝 들이밀고 책을 읽어 봤다. 맨 앞은 지은이의 말이었다.

조선 언문은 본국 글일 뿐더러 알기 쉬우나 슬프다! 조선 언문이 중국 글자에 비해 크게 요긴하건만 사람들이 오히려 업신여기니 어찌 아깝지 아니하리오.

시경은 충격을 받았다.
'어쩜, 이 사람의 생각은 나와 이렇게 똑같을까. 한문보다 훨씬 편한 글자를 모두들 업신여기는 걸 안타까워하는구나.'

시경은 손끝이 저릿해 오는 것만 같았다. 한 글자 한 글자 읽을 때마다 가슴속 깊은 곳이 둥둥 크게 요동쳤다.

> 내가 조선말과 어문법을 잘 모르지만, 부끄러움을 무릅쓰고 일부러 언문으로 베껴 여러 나라의 지도와 풍습을 적었으니, 먼저 과 대륙과 기후 현상 등을 차례로 적었으니…….

시경은 작은 소리로 책의 내용을 읽어 봤다. 맨 마지막에는 지은이의 당부가 적혀 있었다.

> 말씀의 잘못됨과 언문의 서툰 것은 용서하시고 이야기만 자세히 보시기 그윽이 바랍니다…….
>
> 헐벗 씀.

시경은 잠시 숨을 골랐다. 몸속 깊은 곳에 찌릿한 전기가 통과한 듯한 기분이 들었다.

'헐벗?'

이 정도로 우리말을 잘 쓰는 사람인데도 지은이는 매우 겸손했다.

'헐벗, 헐벗? 왜 이 이름이 낯설지가 않은 거지? 내가 이 사람을 알고 있던가?'

"아, 그 서양 사람!"

시경은 그제야 생각이 났다. 달걀을 주며 조선말을 배우려고 했던 서양 신사 말이다.

'두 해, 아니 길게 잡아도 삼 년이 안 되었는데 우리글로 책을 쓸 정도란 말인가?'

시경은 놀라지 않을 수 없었다.

정인덕의 집에 모인 사람들은 밤이 깊어서야 헤어졌다.

"우리 배재 학당에 입학하면 이런 학문을 제대로 배울 수 있습니다. 결심이 서면 언제든 연락해 주십시오. 그전까지는 이렇게 저희 집에서 공부 모임을 할 테니 언제든 시간 나면 들러 주시고요."

시경은 『사민필지』, 그 책을 갖고 오지 못한 게 안타까웠다. 애초부터 자기 책이 아니니 그럴 수야 없지만 그 책을 갖고만 싶었다. 뒤의 내용이 무엇인지 궁금해서 견딜 수가 없었다.

집으로 돌아오는 길은 어두컴컴하기 그지없었다. 시경은 하늘을 올려다보았다. 초승달이 위태롭게 떠 있었다.

"나는 까막눈이었구나. 자기 나라 백성이 자기 나라말을 자기 나라 글로 적지 않으니 까막눈이 아니고 뭐란 말인가."

시경은 푸른 눈의 서양인이 해낸 일을 왜 자기는 못하고 있을까 생각했다. 그리고 그날 밤, 시경은 결심했다. 평생 우리글을 연구하는 데 애쓰겠다고.

시경은 한동안 정인덕과 박세양의 집에 드나들었다. 새벽부터 일어나

집 안팎을 쓸고, 나무를 해 오고, 낮에는 큰아버지의 가게 일을 도왔다. 또 다른 일거리가 있으면 어디든 달려가서 돈벌이를 해야 했다. 고단한 하루였지만 즐거웠다. 저녁이 되면 새로운 공부를 하러 모임에 나갈 수 있었기 때문이었다.

그러기를 몇 달. 어느 날 아침이었다. 시경은 짐 보따리를 꾸려 큰아버지께 인사를 올렸다.

"황해도 집에 다녀오겠습니다."

"무릉골에?"

"예. 저는 신학문을 배우려고 합니다. 그러려면 저를 낳아 주신 부모님께 허락받을 일이 있습니다."

'신체발부 수지부모.' 나의 몸은 부모님께 이어받은 것이니 함부로 하지 말라. 시경이 서당에서도 배우고 어른들께도 배운 말이었다. 그런데 이 말을 어겨야 했다. 왜냐하면 배재 학당의 입학 조건이 바로 긴 댕기머리를 자르는 것이기 때문이었다.

"긴 머리는 낡은 풍습입니다. 긴 머리를 치렁치렁 땋고 다니면 우리의 사고방식도 변하지 않습니다."

배재 학당 선생의 말이었다.

시경은 가위로 제 머리칼을 잘랐다. 낡은 생각과 낡은 시대와 이별한 것이었다. 다른 사람들은 머리를 짧게 자른 뒤, 곧장 양복을 맞춰 입고 구두를 신었지만 시경은 그러지 않았다. 돈이 없어서가 아니었다.

'나의 모습이 바뀐다고 혼까지 바뀌는 건 아니다. 나는 우리 겨레의 글과 말을 연구할 것이다.'

시경은 무명 저고리와 도포를 챙겨 입었다. 천천히 데님을 매고 고름도 정성껏 맸다. 머리를 짧게 자른 둘째 아들을 보고 아버지와 어머니는 대성통곡하실지 모를 일이었다. 효자로 소문난 시경이었지만 이 일은 어쩔 수 없었다. 오히려 시경의 마음은 더욱 굳건해졌다.

"우리글의 소중함을 모르는 건 까막눈이나 마찬가지야. 우리글에 대해 제대로 모르는 나야말로 까막눈이었구나."

주경야독
주시경

"헐 선생님, 저를 기억하시겠습니까?"

시경은 헐벗에게 고개 숙여 절했다.

"제 이름은 주시경입니다. 이번에 배재 학당 만국 지지과*에 들어온 신입생입니다."

헐벗의 큰 눈이 더욱 커졌다. 헐벗이 손을 내밀었다.

"오, 이런! 반갑습니다! 나는 선생입니다."

시경은 이번에는 엉덩방아를 찧지도 뒤로 물러서지도 않았다. 그러나 어리둥절해하기는 마찬가지였다.

헐벗은 내민 손이 멋쩍어서 이번에도 머리를 긁적였다. 몇 년 전과 똑같은 상황이었다.

---

* 세계 여러 나라들의 역사와 지리를 공부하는 학과.

"주시경 학생, 이건 악수라는 서양식 인사입니다. 나와 손을 마주 잡고 기볍게 흔들어 주세요. 서로의 마음이 통할 테니."

시경은 그제야 스승의 손바닥에 자신의 손바닥을 갖다 댔다. 헐벗은 부드러운 손으로 시경의 억세고 두툼한 손을 가볍게 그러쥐었다.

"우린 수업 시간에도 만날 수 있겠군요."

시경이 말했다.

"저는 선생님을 만난 적이 있습니다. 그때 선생님께서는 육영 공원*의 교사였습니다. 우리말을 배우느라 애쓰실 때였지요. 혹시 달걀을 주셨던 소년이 생각나십니까?"

헐벗은 고개를 끄덕였다.

"물론입니다. 평복! 아주 영리한 소년입니다."

시경이 교문 쪽을 가리켰다.

"저기 그 소년이 오고 있네요. 선생님이 이곳에 계시다는 소식을 듣고 한달음에 달려오는 중이랍니다."

평복은 자전거를 타고 들어왔다. 평복은 학교 흙 마당에 자전거 바퀴로 커다란 호를 그리더니 멈췄다.

"헐 선비님! 저예요, 저! 평복이."

평복은 마당 한가운데 넙죽 엎드려 절을 했다. 헐벗은 그런 평복에게 달려가 두 손을 마주 잡고 기뻐했다.

---

* 구한말의 교육 기관. 고종 23년(1886)에 나라에서 세운 최초의 근대식 학교로, 미국인 교사를 초빙하여 수학 · 지리학 · 외국어 · 정치 경제학 따위를 가르침. 고종 31년(1894)에 폐지됨.

"멋진 청년입니다. 보고 싶었습니다. 나의 개인 교사, 평복."

헐벗은 두 사람을 교무실로 데려갔다. 평복과 헐벗은 밀린 이야기가 많았다.

"선비님께서 아메리카로 돌아가셨다는 소식을 들었을 때 슬펐어요."

헐벗은 1886년 고종의 초청으로 육영 공원의 교사가 되어 우리 땅을 찾았었다. 그러다 교사 임기가 끝나자 다시 고국으로 돌아갈 수밖에 없었다.

"나는 코리아가 너무 그리웠습니다. 여기 와서 내가 할 일이 있습니다. 하나님이 그렇게 말씀하셨습니다. 그래서 나는 선교사가 되겠다고 자원했습니다. 코리아에 삼년 만에 다시 왔습니다."

평복이 말했다.

"우와, 이제 우리말을 정말 유창하게 잘하시네요."

"평복은 훌륭한 선생님입니다. 나의 첫 번째 말 선생은 어려운 말만 가르쳐 주었습니다. 두 번째 말 선생이 가르쳐 준 말은 다른 사람과 다른 뜻이 많아서 어려웠습니다. 평복은 몸짓으로, 표정으로, 물건으로 가르쳐 주어서 쉬웠습니다. 세 번째 선생님, 최곱니다."

평복은 자기는 석유 가게에서 일한다며 혹시 배재 학당에서 쓰는 석유는 어느 가게와 거래하는지 물었다.

"석유를 팔고 사는 건 어차피 일본이 독점을 했거든요. 우리 대한 사람은 마음대로 사고팔지도 못해요. 미국이나 영국 사람들도 기웃거리는 눈치지만 어쩌지 못하나 봐요. 일본 가게이긴 하지만 석유가 필요하다면 저희 가게를 이용해 주세요. 나중에 제가 번듯한 점방을 차리면 그때는 물론, 평복이네 걸 써 주셔야 하고요."

헐벗은 평복이 어엿한 일꾼으로 일하는 모습이 대견하다고 했다. 헐벗은 평복을 흐뭇하게 바라보았다. 평복의 바지는 솜으로 누벼서 따뜻해 보였다. 옷도 깨끗했다.

그런데 시경은 달랐다. 헐벗은 다 닳아서 속살이 비쳐 보일 것만 같은 시경의 무릎을 보았다. 무릎만 그런 게 아니라 팔꿈치도 다 헤져 있었다. 구멍이 나서 천을 덧댄 것 같은데 그마저도 낡았다.

헐벗은 아까 악수를 할 때 느꼈던 시경의 손바닥에 굳은살이 박인 것을 떠올렸다. 공손히 앉아 무릎 위에 올린 시경의 손. 공부하는 학생답게 연필을 쥐는 가운뎃손가락과 집게손가락 사이에는 노란 굳은살이 생겼다. 그리고 여기저기 긁힌 자국, 학생의 손이라고 보기 어려운 굵은 마디. 이건 험한 노동을 하는 사람의 손이었다.

헐벗이 물었다.

"시경 군의 학교생활, 어떻습니까?"

"배우는 것마다 흥미롭고 새롭습니다. 학비까지 면제해 주시니 그 또한 감사하고요."

평복이 끼어들었다.

"집에서 여기까지 걸어오려면 힘들지? 밥도 쫄쫄 굶고 다니고."

시경의 얼굴이 붉어졌다. 남들처럼 전차를 탈 수도 인력거를 탈 수도 없는 처지였다. 거리에서 떡 하나를 사 먹으려 해도 돈이 들어 굶기 일쑤였다. 큰아버지 댁에도 쌀이 넉넉한 게 아니라서 도시락을 싸 오려 해도 눈치가 보였다.

헐벗이 말했다.

"나는 수업을 가르치는 선생입니다. 그리고 삼문 출판사를 운영합니다."

헐벗은 늘 느리게 또박또박 말하는 습관이 있었다. 시경과 평복은 헐벗의 말에 귀를 기울였다.

"우리 출판사는 교회에서 받아 보는 소식지를 만들고 책도 만듭니다. 인쇄기를 닦고 청소할 사람을 구합니다."

"일꾼을 구한다고요?"

평복이 반색을 했다.

"이왕이면 글자를 잘 쓰고 읽을 줄 알아야 합니다. 기사문에서 틀린 글자를 찾아 고쳐야 합니다. 매우 부지런한 손을 가진 사람을 원합니다."

헐벗은 한 번 더 투박하고 거친 시경의 손에 눈길을 주었다. 눈치 빠른 평복이 얼른 말했다.

"시경은 책을 아주 잘 읽어요. 부지런하기로는 말할 것 없고요. 그런데…… 출판사 직원이 되면 학교 공부는 어쩝니까?"

헐벗이 인자한 웃음을 띠었다.

"아르바이트생을 구합니다. 아르바이트는 하루 종일 일하지 않습니다. 수업 시간이 빌 때, 그리고 수업이 끝나고 나서 사무실에 와 일합니다. 일한 값은 매주 금요일마다 계산해서 줍니다."

시경은 헐벗의 배려에 감사했다. 공부를 하면서 틈틈이 할 수 있는 일이라니 마다할 까닭이 없었다. 학교가 쉬는 날이면 막일꾼 자리라도 구하려고 여기저기 기웃대지 않아도 되었다. 무엇보다도 수업 시간을 빼앗기지 않았다.

"헐벗 선생님, 감사합니다! 열심히 하겠습니다."

평복은 마치 자기 일처럼 기뻐서 팔딱팔딱 뛰었다. 그 모습을 보고 헐벗이 소리 내어 웃었다.

"평복, 아직도 개구리 소년입니다."

그 말에 평복은 더 기뻐서 폴짝폴짝 뛰어 댔다.

"주경야독 주시경! 옛사람들은 낮에 밭 갈고 밤에 글공부했는데 우리 시경이는 낮에 공부하고 밤엔 일한다네. 주시경 만세!"

시경은 바로 다음 날부터 삼문 출판사 일을 거들기 시작했다.

새벽 일찍 나서서 학교에 온 터라 잠이 부족할 법도 한데 시경은 꾀를 피우지 않았다. 사무실 창문을 활짝 열고 바람부터 들어오게 했다. 그리고 여기저기를 쓸고 닦으며 밤새 쌓인 먼지를 털어 냈다. 사람들이 출근해서 바로 일을 할 수 있게 모든 준비를 완벽하게 갖춰 놓아야 했다. 이렇게 하고 나면 곧장 첫 시간 수업을 들으러 교실까지 한달음에 달려야

했다. 전날 밤 늦게까지 미리 읽어 왔지만 과학 시간은 늘 어려웠다. 그러나 들으면 들을수록 알면 알수록 재미있는 과목이었다.

모든 수업을 마친 오후가 되면 친구들은 유쾌하게 집으로 발길을 향하거나 어울려서 시장 골목을 쏘다녔지만 시경은 그러질 못했다. 다시 또 사무실로 가 밀린 일을 해야 했다.

시경은 다른 사람이 모두 퇴근한 뒤에도 혼자 책상 앞에 앉아 원고 교정을 보았다. 우리나라에 선교사로, 외교관으로, 장사꾼으로 온 외국인들이 보는 소식지는 영문으로 되어 있어서 시경이 손볼 것이 적었다. 그러나 조선인을 위한 소식지는 시경이 꼼꼼하게 교정을 봐야 했다.

헐벗은 수업을 마치고 어스름이 깃든 학교 교정을 거닐고 있었다. 출판사 사무실로 쓰는 방의 창가에 시경의 그림자를 발견하고는 발걸음을 옮겼다.

헐벗은 헛기침을 하며 사무실 문을 밀었다. 시경이 놀라지 않도록 미리 기척을 하는 것이었다.

"일이 많습니까? 퇴근 시간이 되었습니다."

시경이 벌떡 일어섰다.

"아, 헐 선생님. 오신 줄 몰랐습니다."

시경은 당황해하며 보던 책을 신문으로 가렸다. 그러나 헐벗은 그 책을 금방 알아차렸다. 수업 때 교재로 쓰기 때문만은 아니었다. 그 책은 자신이 직접 지은 책이기 때문이었다.

"어떻습니까? 읽을 만합니까?"

헐벗의 물음에 시경이 조심스레 대답했다.

"네. 『사민필지』는 아주 요긴한 지식을 알려 주는 책입니다."

헐벗이 다시 물었다.

"나의 글이 문법과 어긋나는 것은 없습니까?"

시경은 잠시 멈칫하고 말끝을 흐렸다.

"그게……."

우리글은 소리 나는 대로 쓰면 돼서 쓰기 편하지만, 그렇다 보니 쓰는 사람마다 제각각 다르게 적을 때가 많았다. 헐벗의 이름만 하더라도 헐벌, 헐번, 헐뻣, 적는 사람 마음이었다. 한마디로 문법적 체계가 정리되지 않은 것이었다.

"문법에 맞게 썼는지 그르게 썼는지 판단할 기준이 분명하지 않습니다. 사실, 저는 훈민정음 연구에 평생을 바칠 각오를 세웠습니다."

시경은 출판사에서 자기 할 일을 하면서 틈틈이 우리말과 글을 연구하던 중이었다. 그러나 어디서부터 어떻게 시작해야 할지 막막했다.

헐벗의 눈이 동그랗게 커졌다.

"오우, 주시경 학생. 저에게 훈민정음을 연구한 결과를 가르쳐 주십시오. 저는 코리안 알파벳에 관한 논문을 쓰고 있어요. 시경 학생과 함께 공부하면 정말 좋겠습니다. 나의 개인 교사가 되어 주십시오."

시경은 학교 선생님이 오히려 자기한테 공부를 가르쳐 달라고 해 무척 당황스러웠다.

"아니, 어떻게 제가 선생님을 가르칩니까? 저는 아직 부족한 학생입

니다."

하지만 헐벗은 고집을 꺾지 않았다.

"누구든지 배우고 가르칠 수 있습니다. 시경은 나보다 훈민정음 박사, 분명합니다."

시경은 또 한 번 사양했다.

"아닙니다. 제가 좀 더 공부한 뒤에, 학문적으로 성과를 낸 뒤에 알려 드리겠습니다. 감히 제가 어떻게."

헐벗이 빙긋 웃었다.

"이것은 어떻습니까? 나는 인도어에 관한 책, 영어에 관한 책, 그리고 에스페란토에 관한 책 등 언어를 연구할 수 있는 많은 자료를 가지고 있습니다. 필요하면 주시경 학생에게 빌려줄 수도 있습니다."

시경의 눈이 번쩍 빛이 났다. 그런 책은 아무 데서나 구할 수 없는 귀한 자료였다. 설사 구할 수 있다 해도 시경에게는 돈이 없었다.

"너무 강렬한 걸로 유혹하시는군요."

결국 시경은 헐벗과 함께 훈민정음을 공부하기로 했다. 제자가 스승을 가르치는 묘한 만남의 시작이었다.

"토요일마다 만나서 공부합시다."

시경은 머리 숙여 감사의 인사를 했다. 헐벗은 보따리 가득 책과 자료를 싸 들고 나서는 시경에게 말했다.

"주일에 교회에 나오시겠습니까? 하나님께서 이 나라를 위해 당신을 택하신 것 같습니다."

시경은 부드럽지만 단호하게 대답했다.
"아닙니다. 저는 조선의 혼을 버리고 싶지는 않습니다."
헐벗은 애써 권하지는 않았다. 서로를 존중하면서 함께 잘할 수 있는 일을 위해 최선을 다하고 싶었다.

역적이
돌아왔다

"맙소사, 조선을 말아먹으려던 역적이 다시 살아서 돌아오다니!"
평복이 말했다.
시경은 추위에 언 손을 녹이려 손등을 비볐다.
"서재필 선생 말인가?"
서재필은 시경이 다니는 학교에 새로 온 선생이자 고종 황제의 외교 고문이기도 했다.
"서재필은 갑신정변을 일으켰다가 사흘 만에 실패했어. 목숨이 위태로워지자 일본으로 도망을 갔다고. 자기 부인과 자식들, 부모까지 모조리 처형당하거나 굶어 죽었는데 자기 혼자 살자고 말이야. 그러다가 일본에서도 찬밥 신세가 되니까 운 좋게 미국으로 달아났다더군."
평복이 씩씩거리며 얘기하자 시경은 고개를 갸웃하며 물었다.

"나라님께선 왜 서재필을 불러들였을까?"

"그거야 낸들 아나. 아무튼 양코배기랑 십여 년을 뒹굴다 온 사람을 높은 관직에 앉혔단 말이지. 임금님께선 점점 외국 열강들이 조선을 넘보기 시작하니 외국 사정에 밝은 사람을 곁에 두고 싶으신 게야."

시경은 깊은 한숨을 쉬었다. 지금 우리나라의 운명은 마치 낭떠러지 끝에 선 어린아이 같다고 생각했다.

"명성 황후께서 일본인 자객들에게 처참하게 시해를 당하신 지 얼마나 됐나? 겨우 몇 달이야. 우리나라가 살아남으려면 다른 나라의 움직임을 잘 살펴야겠지."

평복은 고개를 절레절레 저었다.

"듣자 하니 서재필은 누군가 자기를 살해할지도 몰라 겁을 먹었다더군. 너희 학교의 교장인 아펜젤러의 집에 머무르고 있대. 아무래도 미국 사람의 집이니 안전할 거라고 계산한 거지. 겉으로는 나라를 위해 돌아왔다고 하지만 믿을 수가 없는 사람이야."

시경은 입을 굳게 다물어 버렸다. 생각이 깊어진 까닭이었다.

"평복아, 사실은 내일 서재필 선생을 만나기로 했어."

평복은 화들짝 놀랐다.

"뭐? 네가 그 역적을 왜?"

"헐벗 선생의 추천이야. 자세한 이유는 내일 만나 봐야 알겠지만 아마 새로운 일을 소개시켜 주시려는 것 같아. 서재필 선생은, 아니 필립 제이슨 선생은 우리 배재 학당에서 수업도 맡는다고 하더라."

"피, 필, 뭐라고?"

"필립 제이슨. 그는 미국 국적을 가졌거든. 남들에게도 이렇게 불러 달라고 한다더라."

"헐, 미국 사람이 되어서 돌아온 역적이 나라를 구하겠다고?"

평복은 추운 날씨를 잊은 듯 연신 얼굴에 손부채를 해 댔다.

시경은 책상 위에 어지러이 펼쳐 놨던 책들을 차곡차곡 쌓아서 보따리에 묶었다. 책이며 공책이 많아서 각을 잘 맞춰 쌓아야 묶기 쉬웠다.

평복이 핀잔을 했다.

"이게 다 필요하냐? 집에 좀 놔두고 다니지."

"지석영 선생께 빌린 책을 오늘 돌려 드려야 해. 베껴 적느라고 며칠 더 늦어졌는걸."

"귀한 자료인가 봐? 다 베껴 적은 걸 보니."

"응. 다시 읽으면서 때때로 살펴봐야 하는데, 책값이 비싸니까."

평복이 보따리 하나를 덥석 집어 들었다.

"오늘은 네 보따리가 두 개, 양 보따리니 내가 하나 들어 주지."

"내가 들게. 대신 양 보따리 든 나를 네가 업으면 되지."

"뭐라고? 허허허."

헐벗은 서재필에게 시경을 소개했다. 독립신문을 펴내려면 함께 일할 인재가 필요했고, 그 일에 가장 적당한 사람은 두말할 것도 없이 훈민정음을 연구하는 시성이였나. 게다가 삼문 출판사의 일을 하고 있어서 편집이나 인쇄 과정에 대해서 잘 알고 있었다.

서재필을 만나러 간 시경은 긴장했다.

헐벗이 먼저 말을 건넸다.

"닥터 제이슨, 이 사람은 주시경 학생입니다."

시경은 조끼에 신사 모자까지 말끔하게 갖춰 입은 양복 차림의 서재필에게 인사했다. 서재필은 헐벗의 옆에 서도 작지 않을 만큼 조선 사람 치곤 키가 매우 컸다.

세 사람은 탁자를 가운데 두고 둘러앉았다. 서재필이 입을 열었다.

"자네가 국문을 잘 안다지?"

시경은 얼굴이 빨개졌다. 국문, 그러니까 한문이 아닌 우리글과 말을 연구한다는 건 배재 학당 친구들 사이에서도 잘 알려져 있었다. 물론 헐벗도 그랬다.

"아직 부족할 따름입니다."

"나는 《독립신문》을 만들려고 하네. 우리 조선이 당당한 독립 국가로 세계만방에 우뚝 서야 하지 않나? 그러려면 백성들을 교육시키는 게 가장 급하고, 제일 좋은 방법은 신문을 만들어서 퍼뜨리는 일이라고 믿네."

서재필은 미국에서 사는 동안 그 나라 국민들이 신문을 통해 나라 안팎의 소식을 전해 듣고 이것을 계기로 서로 모여 토론하는 모습을 보아 왔었다. 갑신정변 때처럼 몇몇 뜻있는 사람이 무력으로 한꺼번에 나라를 바꾸려고 한다면 반드시 실패할 거라고 생각했다. 그것은 한갓 헛된 꿈에 머물 것이지만 아래로부터 백성을 교육시키고 의식을 바꾼다면 달라질 것 같았다.

"《독립신문》은 우리나라 사람을 위한 국문판, 외국인을 위한 영문판. 이렇게 두 가지 버전으로 만들려고 하네. 여기 계신 미스터 헐벗은 영문판을 담당할 걸세. 자네가 국문판을 담당해 주었으면 하네."

시경은 기분이 얼떨떨했다.

"국문판이라고 말씀하셨습니까?"

이제껏 아녀자들이 쓸 법한 글이라고 암클, 제대로 된 글자가 아니라며 반절 혹은 언문이라며 깔보았던 우리글이었다. 그런 우리글로 신문을 펴낸다니 이건 마치 꿈을 꾸는 것만 같았다. 이 나라에 드디어 제 나라 글자로 된 신문이 태어나려고 하는데 그 일을 시경이 맡으라는 것이었다.

헐벗이 너털웃음을 터뜨렸다.

"시경 군, 감격해서 대답을 못합니다. 이것은 승낙입니다."

서재필은 코끝으로 내려온 안경을 살짝 밀어 올렸다.

"나는 과거 시험을 준비했던 사람이야. 한문이나 영문으로 기사를 쓰는 건 능숙하지만 국문으로는 도저히 쓸 엄두가 안 나네. 생각이 꽉 막혀 버리는 것 같아. 내가 쓰는 글을 자네가 다듬어 주기 바라네. 누구나 읽기 쉽게 말이지."

시경은 일하면서 공부하느라 늘 잠이 부족하고 시간이 모자랐다. 그렇지만 이번 일만은 아무리 힘들어도 꼭 하고 싶었다. 우리글로 된 신문 발행이라니 이보다 더 중요한 일은 없었다.

며칠 후 서재필은 시경을 불렀다.

"인천 항구에 일본에서 들여온 신형 인쇄기가 도착했다네. 나랑 함께 그걸 가지러 가세."

한성에서 인천까지 가려면 소달구지를 타더라도 한나절을 잡아야 했다. 시경은 얼른 짐을 꾸렸다.

"제이슨 박사님, 이 인쇄기는 지금 배재 학당에서 쓰는 인쇄기랑 어떻게 다른가요?"

"자세한 건 직접 실물을 봐야 알겠지만, 크기도 크고 인쇄 품질도 좋다고 하는군. 얼른 인쇄기를 장만해서 신문을 편찬하라는 임금님의 어명이 있었네."

원래 우리나라에는 고종의 명으로 조정에 박문국이라는 출판과 인쇄를 담당하는 기관이 있었다. 그러나 박문국의 인쇄기는 갑신정변으로 혼란스러울 때 다 망가지고 말았다. 국내에 제대로 된 인쇄기는 일본이 가지고 있는 몇 대와 배재 학당이 가지고 있는 인쇄기가 전부였다.

인천에 도착하니 하늘이 잔뜩 흐렸다. 인천 바다의 물빛은 하늘처럼 누렇고 흐렸지만 서재필의 얼굴은 들뜬 기색을 감추기 어려웠다.

시경은 인쇄기를 보고 깜짝 놀랐다. 거대한 쇳덩어리로 만든 그 기계는 힘센 어른 대여섯이 들러붙어야 겨우 옮길 수 있었다.

서재필은 다음 날, 소달구지 하나를 빌렸다. 짐꾼에게 두둑한 돈을 쥐어 주어야 했다. 소달구지에 인쇄기를 싣고 신문사에 도착했을 때는 이미 해가 뉘엿뉘엿 넘어간 뒤였다.

시경이 조심스레 물었다.

"이 기계를 다룰 인쇄공은 언제 뽑으실 계획이신지요?"

서재필은 팔짱을 끼고 잠시 숨을 골랐다. 기대에 차서 인쇄기를 들여다보던 그가 딱 잘라 말했다.

"조선 천지에 인쇄공은 없네."

서재필의 말이 맞았다. 나라 곳곳 어디에도 그 기계를 다룰 기술자가 있을 리 없었다.

서재필은 소매를 쓱쓱 걷어 올리더니 사용 설명서를 탁자 위에 펼쳤다.

"음, 이건 영어로 써 있고 이건 일본어로군."

서재필은 설명서를 한참 읽더니 펜치를 들었다. 자기가 직접 기계를 조립하려는 것이었다.

"시경 군, 그쪽을 좀 잡아 주겠나?"

시경은 당황스러웠다. 자신이야 어려서부터 험한 일 궂은일을 해 왔지만, 서재필은 엄연한 선비가 아닌가. 아무리 양반 상놈 구분이 없어졌다고는 하지만 이렇게 지체 높은 사람이 직접 팔을 걷어붙이고 기계를 만지는 모습이 몹시 낯설었다.

서재필은 반나절이 넘게 기계와 설명서 사이에서 씨름을 했다. 설명서대로 한다고 했는데 제대로 조립이 안 되거나 움직이지 않는 것도 있었다. 시경은 그런 서재필의 곁에 있었다. 두 사람은 밥 먹는 것도 잊고 기계를 작동시키고 사용법을 익히느라 땀을 뻘뻘 흘렸다.

"이제 잉크가 제대로 묻는지 확인해 보면 될 것 같은데."

서재필은 종이 뭉치를 들고 와 인쇄기에 장착했다. 그런 뒤 묵직한 쇠지레처럼 생긴 레버를 위로 끌어당겼다.

우우웅웅웅.

기계는 거대한 짐승 소리를 냈다. 마치 세상을 향해 으르렁대는 맹수처럼.

"박사님! 성공이에요, 성공!"

시경이 박수치며 기뻐했다. 우리나라 최초의 국문, 즉 우리 글자로 된 신문의 탄생이 얼마 남지 않은 것이었다.

서재필은 토시를 벗어 뭉쳐 쥐더니 이마의 땀을 닦았다. 손가락에 기름때가 가득했다.

"박사님…… 저나 아랫사람을 시키시지, 손이 더러워졌습니다."

서재필은 그 말을 듣더니 껄껄 웃었다.

"이봐 시경 군. 나는 미국에서 온갖 허드렛일을 했다네. 광산에서 잡일을 하기도 했고 항구의 짐꾼 노릇도 했지. 내가 조선의 선비다, 나는 국방부 장관 노릇까지 했던 귀족이다, 이런 생각을 했다면 버틸 수 있었겠나?"

시경은 서재필이 미국 생활 10년 동안 어떻게 지냈는지 가늠할 수 없었다.

서재필은 엷은 미소를 띠었다.

"미국은 나라님을 백성들이 투표로 뽑는다네. 사람들의 권리가 중요하다는 생각을 누구나 하지."

시경은 투표라는 것이 무엇인지, 권리라는 말이 무엇인지 어렴풋이 짐작만 할 뿐이었다.

'이분은 다른 세상을 보고 온 사람이야. 목숨을 걸고 다시 이 나라로 온 까닭이 오직 우리 백성을 위한 일이라니!'

시경은 쓸데없는 예의범절을 따지지 않고 손수 자기가 앞장서는 서재필의 모습이 인상 깊었다.

바깥에서 하인의 소리가 들렸다.

"제이슨 어르신, 헐벗 대감이 도착했습니다."

"들어오시라고 하게."

헐벗은 인쇄기가 도착했다는 소식을 듣고 한달음에 달려온 것이었다.

"근사하군요. 새로운 기계로 새로운 사상을 찍어 낸다, 멋집니다!"

헐벗은 노란 털이 숭숭 난 손을 내밀어 기름때가 묻은 서재필의 손을 덥석 잡았다. 두 사람은 마주 잡은 두 손을 가볍게 흔들며 인사했다.

편집장인 서재필, 영문판 담당 헐벗, 국문판 담당 겸 총무 주시경. 세 사람이 모이니 자연스레 신문 이야기가 나왔다. 그냥 이런저런 이야기를 나누던 것이 편집 회의가 되었다.

"아무래도 창간호 논설은 우리 신문을 만들게 된 취지를 밝혀야겠지요."

서재필의 말에 시경도 거들었다.

"그러면 왜 국문으로 쓰는지 그 까닭을 알려야 합니다."

헐벗도 고개를 끄덕였다.

"국문으로 쓴 글자가 잘 읽히려면 몇 가지 짚어 봐야 할 문제가 있습니다. 한문은 띄어쓰기를 하지 않아도 뜻이 통한다고 들었습니다. 국문도 그렇게 써야 할까요?"

시경은 오래도록 이 문제를 고민해 왔었다. 시장 거리에서 사람들이 사고파는 소설책도 모두 띄어쓰기가 없었다. 『홍길동전』이니 『춘향전』

장비가마를탄다

이니 하는 인기 있는 소설들은 오른쪽에서 왼쪽으로 읽어야 했다. 세로로 죽 이어진 글자는 목청 좋고 이야기 잘하는 사람이 적당히 띄어 읽으며 감정을 살리곤 했다.

헐벗이 쓴 『사민필지』도 띄어쓰기 없이 세로쓰기로 된 책이었다. 오랜 세월 세로쓰기로 된 한자 책을 봐 온 사람들에게 익숙한 편집 방법이었다.

시경은 예를 들어 설명하기로 했다.

"띄어쓰기를 하지 않으면 뜻이 안 통할 때가 있지요. '장비가마를탄다'라고 하면 '장비가 말을 탄다'라고 읽을 수도 있지만 아닐 수도 있어요."

헐벗이 그 말뜻을 알아듣고 웃었다.

"장비, 가마를 탄디! 깅비는 님자입니나. 꽃가마 타고 시집가는 건 여자입니다."

며칠 전 헐벗과 훈민정음을 연구하면서 두 사람이 열띠게 의논한 내용이었다. 서재필에게도 헐벗과 주시경이 생각한 것을 가르쳐 주어야 했다.

서재필이 물었다.

"그러면 두 분 의견은 국문도 영문처럼 띄어 쓰기를 해야 한다는 거죠?"

그날 밤, 시경의 오두막은 밤늦도록 등불이 켜져 있었다. 시경이 집에 와서도 《독립신문》 창간호 논설을 다듬고 또 다듬었기 때문이었다.

장비가 말을 탄다

시경은 자신이 시작한 일도, 자신이 쓴 글도, 자신이 전적인 책임을 지는 일도 아니었지만 엄청난 책임의 무게를 느끼고 있었다.

"각국에서는 사람들이 남자든 여자든 자기 나라 글자를 먼저 배워 능통하게 된 뒤에 외국 글을 배운다. 그런데 조선에서는 조선 국문은 배우지 않고 한문만 공부하기 때문에 국문을 잘 아는 사람이 드물다. 한문을 모른다고 그 사람이 무식한 사람인가? 국문만 잘하더라도 세상 돌아가는 이치를 잘 알고 학문이 높으면……."

《독립신문》 창간호에 실릴 문장을 읽는 시경의 목소리가 칠흑 같은 어둠을 뚫고 낮게 울려 퍼졌다.

잎, 닢, 입, 립
무얼 골라 심을까

봄볕이 나른하게 마당에 내려앉았다. 시경은 나뭇가지 끝에 돋은 새잎을 바라보았다.

'한겨울 잘 이겨 냈구나.'

추위를 이기고 빈 가지 끝에 돋은 연둣빛 어린잎이 꽃보다 아름답게 보였다.

시경은 사무실로 들어가면서 중얼거렸다.

"잎, 이파리, 떡잎, 립, 닢, 입?"

"어이, 주보따리! 뭘 그렇게 넋을 놓고 다녀?"

평복이었다.

"뭘 좀 생각하느라고."

"입? 입? 이러던걸. 누구랑 입맞춤이라도 하고 싶은 거야?"

시경의 얼굴이 빨개졌다.

"입맞춤이라니! 내가 생각하는 입은 그 입이 아니야."

"그럼, 누구 입인데? 아가씨 입술?"

"닙."

"닙?"

"응.《독닙신문》의 닙."

평복은 품 안에서《독립신문》을 꺼냈다. 한문이 아닌 우리 글자가 선명했다.

"이거?《독닙신문》창간호! 나의 절친이 만든 이 신문을 일등으로 샀다는 말씀."

시경이 빙그레 웃었다.

"그래. 거기 있는 제호가《독닙신문》이잖아."

"캬아, 좋다. 독닙!"

"그런데 말이야, 그걸 닙이라고 쓰는 게 맞는지 모르겠어. 립? 맆? 입? 닢?"

"닙, 닙, 닙, 닙이 뭔 소리야?"

"아니. 립, 맆, 닢, 닙, 입."

"닙? 닙? 닙?"

평복이 시경의 이마에 손을 짚어 보았다.

"아프냐? 밥은 먹었고?"

평복은 걱정스럽다는 듯 이마를 잔뜩 찌푸렸다.

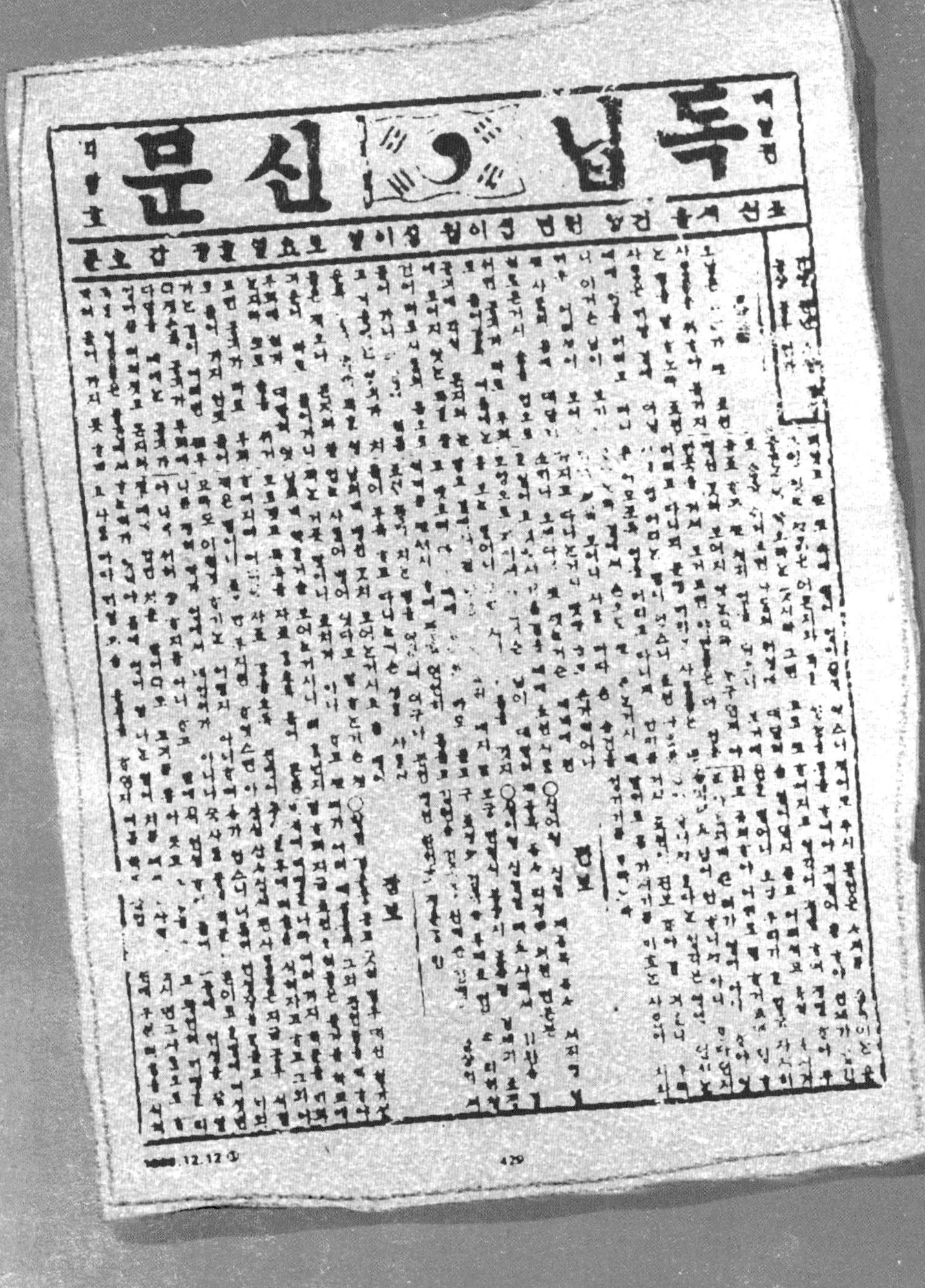
독닙신문
429

시경은 피식 웃고 말았다. 자기 고민을 평복이 이해할 리 없었다. 시경은 《독립신문》을 가리키며 물었다

"어때?"

"최고지! 읽기 쉽고 알기 쉽고."

시경은 뿌듯했다.

"서재필 선생은 우리 조선이 자주적인 나라가 되려면 국문을 써야 한다고 주장하셔. 나 또한 그렇게 생각하고."

평복은 언뜻 그 말이 이해되지 않았다.

"조정 관리들이 죄다 한문만 쓰는데, 어떻게 국문만 쓸 수 있다는 거야? 공부하는 책도 거의 한문으로 되어 있잖아."

"그러니까 바꿔야 한다는 거지. 이미 중국은 세계의 중심이 아니야. 서양 열강들이 중국을 서로 잡아먹지 못해 안달이라고. 그런데도 우리 조선은 아직 중국을 섬기고 그들의 문자를 숭배하고 있으니 한심한 노릇이지."

"그야 그렇지만 국문을 쓴다고 우리가 갑자기 부강한 나라가 되는 건 아니잖아?"

"국문은 백성을 위한 글이야. 양반만 위하는 글이 아니지. 국문을 쓰면 높은 사람도 낮은 사람도, 귀한 사람도 천한 사람도 없게 돼. 누구나 평등하고 잘사는 문명국가가 되는 거지."

평복이 손사래를 쳤다.

"네 말대로 글자 하나 바꿔 쓴다고 세상이 바뀌면 얼마나 좋겠냐?

난 당장 일본말 배우느라 바쁘다. 일본인 거래처가 자꾸만 늘어나니 원…….”

그때《독립신문》사무실의 잔심부름을 돕는 규식이 시경을 불렀다.

“안쪽에서 헐벗 선생님이 기다리셔요.”

평복은 그 말을 반겼다.

“마침 잘됐다. 나도 이왕 온 김에 헐 선생께 인사나 드리고 가야지.”

시경과 평복은 안으로 들어갔다.

헐벗은《독립신문》영문판과 국문판을 책상 위에 나란히 펼쳐 놓았다.

“음, 창간호는 늘 마음이 설레는 법입니다. 첫걸음마를 시작했습니다.”

나이 어린 규식은 세 사람을 위해 따뜻한 물을 내왔다.

헐벗이 그런 규식에게 물었다.

“김 군, 요즘 영어 공부는 잘되고 있습니까?”

열두어 살이나 되었을까. 아직 어린 소년인 규식은 귀밑이 빨개졌다.

“네. 열심히 합니다만 서툴러서 제이슨 박사님께 늘 야단맞습니다.”

제이슨 박사라면 서재필이었다. 서재필은 어린 규식을 유달리 아꼈다.

헐벗은 고개를 끄덕였다.

“꼭 미국 유학을 가서 훌륭한 사람이 되어 돌아오십시오.”

헐벗은 이제 그만 가 봐도 된다는 뜻으로 손을 저었다. 규식은 총총히 밖으로 갔다.

평복은 궁금한 것은 못 참는 성격이었다.

"유학이요?"

헐벗이 인자한 미소를 지으며 말했다.

"저 소년에게 새로운 기회를 주고 싶습니다. 내가 선교 단체에 협조를 구하기도 했지만 서재필 박사의 노력이 컸습니다."

시경은 어머니도 아버지도 형제도 없는 김규식*의 처지가 늘 안타까웠다.

'규식은 누구보다 영리하고 부지런하니 낯설고 먼 땅에 가서도 꿈을 이룰 것이야.'

시경은 서재필에 대하여 들은 이야기가 떠올랐다.

'서재필 선생의 막내 동생은 종로 거리에서 사형되었다지. 열세 살 소년이었는데, 형이 역적질을 했다는 죄명으로. 어린 소년은 아무 잘못이 없는데 목숨을 잃었지. 어쩌면 선생은 규식을 보며 동생이 생각난 걸까.'

평복이 너스레를 떨었다.

"우와, 미국이라. 저도 미국에 좀 데려가 주십시오. 거리마다 쌀이 넘치고 황금이 굴러다닌다던데 참말입니까?"

헐벗이 웃었다.

"그런 말은 헛소문입니다. 하지만 땅덩이가 넓고 거대한 도시가 있습니다. 밤에도 길을 밝히는 가로등과 달리는 전차를 보면 눈이 확 뜨일

---

* 독립운동가이자 외교 활동가. 1919년 4월 상하이 임시 정부의 외무 총장으로 파리 평화 회의에 참석함. 8·15 광복 후 신탁 통치와 남한의 단독 총선에 반대했고, 김구와 남북 협상을 시도하다 정치에서 물러남.

것입니다."

시경이 넌지시 물었다.

"가끔 고향 땅이 그립지 않습니까?"

헐벗은 그저 잔잔한 미소를 지을 뿐이었다.

"부모님은 제가 여기서 하나님의 심부름을 하는 거, 아주 기뻐합니다. 저는 어렸을 때부터 세계 지도 보는 게 좋았습니다. 우리 고향 사람 아무도 코리아라는 나라를 알지 못했습니다. 저도 그랬고. 하지만 나는 차이나 옆에 우뚝 튀어나온 한반도의 위치를 알고 있었습니다. 그 땅은 커다란 세계 지도 속에서 신기하게 나의 마음을 잡아끌었습니다."

그러더니 헐벗은 흥얼흥얼 콧노래로 아리랑을 부르기 시작했다.

"아리랑 아리랑 아리리요 아리랑 고개를 넘어간다 나를 버리고 가시는 님은 십리도 못 가서…… 그런데 발뼹이 뭡니까? 뼹?"

시경이 웃었다.

"뼹이라고 소리 나지만 '병'을 말합니다. 아픈 거지요. 발이 아파서 그만 못 가게 되어 버려라, 하는 악담이에요."

"오호, 발의 병!"

헐벗은 곧장 집게손가락으로 책상 위에 글씨 쓰는 시늉을 했다.

바르병

시경이 다시 손가락으로 글자를 쓰며 말했다.

"발이니까 발, 병. 이렇게 써야 하지 않을까요?"

"그럼 무엇 무엇의, 즉 영어로 '~of'에 해당되는 '의'를 섞어 쓰면 이렇게 됩니까?"

헐벗의 손가락 글씨는 '발의병'이었다.

시경이 미간을 찌푸렸다.

"하지만 읽을 때 소리 나는 대로 쓰면 '바르병'이라고 적는 사람도 많겠군요."

헐벗이 또 물었다.

"'바르병'이라고 쓰면 읽기도 쉽고 인쇄할 때 글자판을 고르기도 쉽습니다."

시경은 골똘히 생각에 잠겼다.

"그렇게 되면 풀을 바르다, 약을 바르다 할 때 쓰는 '바르'와 혼동될 수 있겠는걸요."

평복은 가운데 앉아서 머리가 아프기 시작했다.

"아이쿠, 그냥 아무렇게나 쓰면 어때서 그래? 어차피 국문은 우리말을 소리 나는 대로 대충 적기만 해도 뜻이 다 통하잖아. 한 번도 서당 구경을 못해 본 아녀자나 어린애도 배워서 읽을 수 있는 게 국문이야. 사람들이 국문을 언문이니 반절이라고 부르는 건 되는 대로 써도 다 통하는 손쉬운 글이라서 그런 거잖아."

하지만 시경은 그렇게 생각하지 않았다.

"소리 나는 대로 쓰다 보면 오히려 뜻이 통하지 않을 때도 있어. 자,

이 대목을 읽어 봐. 헐벗 선생님도 함께 보아 주십시오."

시경은 신문을 펼쳐 한 대목을 가리켰다.

"앞뒤 문맥을 보면 무슨 이야기인지 짐작할 수 있겠지만 이 부분만 따로 떼 놓으면 흙을 덮었다는 것인지 성확히 알 수 없이오. 흐글, 홀글, 흑을, 흙을……."

"흐글더프니? 흐글더프니!"

평복은 알 듯 모를 듯했다.

"뭔 소린지는 모르겠지만, '흐글더프니' 요 다섯 글자만 가지고 무슨 말인지 알기는 어렵겠군."

그때였다. 바깥에서 허드렛일을 하던 규식이 알려 왔다.

"제이슨 박사님께서 오셨습니다."

곧이어 서재필이 들어왔다.

우당탕.

평복이 급하게 의자에서 일어서다 요란한 소리를 내고 말았다. 평복은 얼른 허리를 깊이 숙이고 머리를 조아렸다.

"안녕하십니까? 소인은 주시경 군의 친구 되는 사람입니다."

서재필이 손사래를 쳤다.

"아, 편하게 계십시오. 나누던 말씀 나누고."

평복은 어쩔 줄 몰라 엉거주춤 서 있었다. 헐벗과 시경 사이에 앉아 셋이 이야기를 나누는 거야 상관없었다. 셋은 그만큼 허물없었고 헐벗 선생은 고리타분한 조선식 예의범절을 따질 사람도 아니었으니까.

그렇지만 서재필은 달랐다. 지체 높은 양반 출신에 나라의 높은 관리가 아닌가. 아무리 양반 제도가 없어지고 만백성이 평등하다고 말하지만 평복이 서재필과 나란히 앉는 것은 상상하기 힘들었다.

그렇다고 이 자리를 피해 밖으로 나가자니 그것도 어색했다. 평복이 우물쭈물하고 시경도 당황했지만 서재필은 태연했다.

"신문 이야기를 나누던 중이었나 보군요. 그래, 시경 군의 친구라고 했나? 내가 알기론 석유 사업을 한다던데, 맞지요?"

"그저 배달꾼입니다."

평복이 간신히 대답했다.

서재필은 의자에 앉더니 평복에게 가볍게 손짓했다. 편히 앉으라는 뜻이었다.

평복은 《독립신문》 첫 호를 읽은 자기의 소감을 말했다. 서재필은 평복의 이야기를 귀담아 들었다. 그리고 시경은 지금까지 나누던 이야기, 즉 그저 국문을 소리 나는 대로만 적는다고 해서 문제가 해결되는 게 아니라는 말을 했다.

서재필이 입을 열었다.

"나는 국문에 능통하지 못하오. 그래서 시경 군의 도움이 필요한 거고. 우리 국문이 서양의 영문법처럼 어떤 체계가 잡히지 않아서 그런 것이겠지요."

시경은 잠시 숨을 고르더니, 낮지만 단호하게 말했다.

"우리글의 체계가 없고 법칙이 없는 것이 아닙니다. 우리가 연구를 하지 않아 그 법칙과 숨은 뜻을 알아내지 못하고 정리하지 못했기 때문입니다."

서재필이 빙긋 웃었다.

"훈민정음은 훌륭한 글자인데 그 원리가 밝혀지지 않은 거다? 무슨 근거로 그렇게 말합니까? 방문이나 창문의 나무틀을 본떠 만든 글자가 아니란 말입니까? 국문에 무슨 과학적인 원리라도 있다는 겁니까?"

시경은 말문이 막히고 말았다.

"지금은 자신 있게 말씀드릴 수 없지만…… 더욱 열심히 연구하겠습니다."

이때껏 잠자코 있던 헐벗이 거들었다.

"그레이트 킹, 세종 대왕은 자음과 모음의 원리를 알고 있었습니다. 그것을 바탕으로 코리안 알파벳을 만든 것이 분명합니다. 그 증거는 아주 풍부합니다."

서재필은 잠시 아무 말이 없었다.

"음, 국문판은 시경 군을 믿고 맡깁니다. 더욱 정진하세요. 제가 어딜 다녀오는 길인지 아십니까?"

헐벗과 시경, 평복은 서재필의 표정을 살폈다.

"일본의 고무라 공사가 그러더군요. 어차피 조선 사람에게 민의니, 민권이니 하는 말을 떠들어 봤자 이해하지 못한다고. 백성들 수준이 낮은데 신문 만드는 일은 헛고생이라나요?"

서재필은 미국에서 사람들이 신문을 읽으며 토론하는 모습을 봤었다.

조선에도 그런 문화가 생긴다면 백성들은 자연스레 교육이 될 거라 생각했다. 그러면 자주 민권이 꽃피는 나라가 되지 않겠는가, 이런 꿈을 꾸어 왔었다.

서재필은 말을 이어 갔다.

"미국 시민권이 있으니 자기네 일본의 신문을 만들어 보는 게 어떠냐고도 하더군요. 월급도 아주 많이 줄 수 있다나 뭐라나. 한쪽으론 으르고 한쪽으론 달래고. 참, 우습더군요."

사실 서재필은 언제 어디에서 테러를 당할지 모르는 몸이었다. 일본군이 감시하는 거야 당연했다. 고종 임금께서 돕고 있는 모든 세력은 일본군의 철저한 감시를 받았으니까. 그런데 조선 사람 중에도 개화를 반대하는 세력이 서재필을 노렸다. 그는 이래저래 미움 받는 신세였다.

"내가 역적인지 충신인지는 역사가 판단할 것입니다."

시경은 아침에 읽은 서재필의 글이 생각났다. 다음번 신문에 싣기 위해 대강의 내용을 쓴 초고였다. 누가 역적이고 누가 충신인가. 일반적인 이야기를 한 것 같았지만 어쩌면 서재필 자신을 위한 변론이 아닐까, 그런 생각이 들었다.

시경은 힘주어 말했다.

"박사님은 참으로 용감하신 분입니다."

평복의 눈이 동그래졌다. 생전 허튼소리 못하고, 입에 바른 칭찬은 하고 싶어도 할 줄 모르는 시경이 서재필을 존경하는 것이었다.

서재필은 평복을 돌아보며 물었다.

"어느 석유점에서 일합니까?"

평복은 여전히 서재필이 어려워 공손하게 답했다. 서재필은 평복에게 이것저것 물으며 가끔 메모를 하기도 했다.

"나는 석유를 우리 조선과 미국이 직접 계약해서 수입하자고 주장할 참입니다. 지금은 일본이 중개를 하면서 이익을 독차지하고 있어요. 우리가 미국과 직접 거래하지 못할 이유가 없는데 말입니다. 직거래를 한다면 조선 입장에서는 훨씬 유리합니다."

평복은 의아했다.

"네? 어떻게 지체 높은 선비들이 장사를 한다는 말입니까?"

"장사는 경영입니다. 경제를 하찮게 여기는 사람은 성공할 수 없습니다. 경제 문제를 업신여기는 나라는 부강해질 수 없고요."

시경은 온몸에 손수 기름을 묻히며 인쇄기를 손보던 서재필의 모습이 떠올랐다. 서재필의 목소리에 점점 힘이 들어갔다.

"서양의 나라들은 우리 조선을 어떻게 생각할까요? 청나라는 절대 세계의 중심이 아닙니다. 프랑스라는 나라는 백성들이 나서서 황제를 단두대에 올리고 목을 잘랐습니다. 이런 세상의 변화를 우리 백성들도 알아야 합니다. 그러려면 국문판의 역할이 더더욱 중요한 것이고요."

평복은 자기도 모르게 몸서리가 쳐졌다. 백성들이 황제의 목을 자른다니, 놀랄 수밖에.

시경은 국문판의 역할이 중요하다는 말이 가슴에 쏙 들어왔다. 어깨도 좀 더 무거워진 것 같았다. 자신이 반드시 해야 할 일이 무엇인지 분명해졌기 때문이었다.

"국문판의 틀린 글자를 바로잡고, 올바른 표현법으로 문장을 손보도록 하겠습니다."

그렇지만 맞춤법 규정이 없는데 무엇이 틀린 줄 어떻게 안다는 말인가. 무엇을 바로잡겠다는 것은 올바른 맞춤법과 그른 맞춤법의 기준부터 정해 놓지 않으면 처음부터 불가능한 일이었다.

'친구들과 연구 모임을 만들어야겠어.'

시경은 다음 날 당장 실천에 옮겼다. 우리말 문법 연구를 하는 공부 모임, '국문 동식회'를 조직한 것이었다.

국문 동식회 친구들과 하나하나 이치를 따져 가며 열띤 토론을 거친 결과 설 립(立)의 '립'으로 쓰기로 했다. 즉 《독립신문》 창간호의 제호는 '독닙'이었지만 2호부터는 '독립'으로 표기가 바뀐 것이었다.

시경은 활판에 꽂을 인쇄 활자를 골랐다. 무엇을 골라 활판에 심을지 고민하는 일은 우리말과 글에 대한 연구를 하는 일이었다.

"어린 새싹처럼, 씩씩하게 싹을 틔워라. 독립의 새잎처럼."

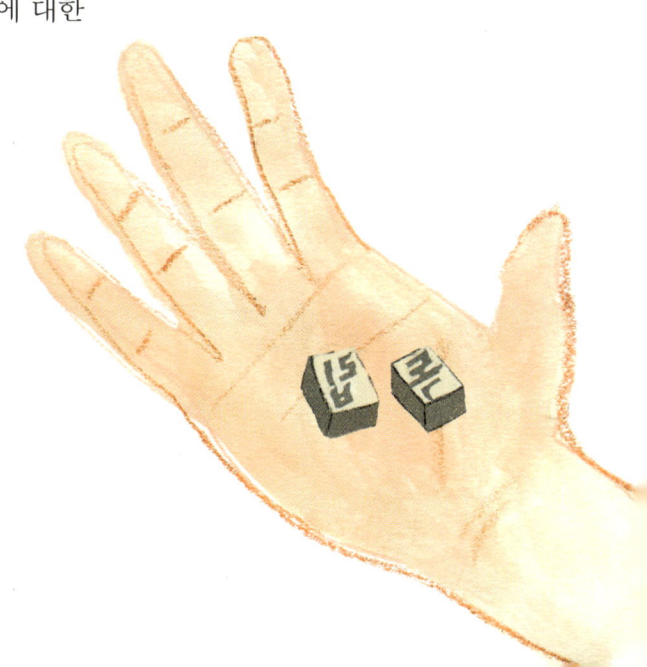

길을 찾는 자에겐
지도가 필요해

　배재 학당에서 공부한 지 두 해가 되었을 때, 시경은 김 씨 성을 가진 아가씨와 결혼을 했다. 가난하여 겨우겨우 초가집 한 칸을 구해 살림을 차린 것이었다.
　"어이, 새신랑! 얼굴이 환해졌네."
　친구들이 시경을 놀렸다.
　그러나 금세 진지한 이야기를 나누기 시작했다.
　"주보따리, 자네가 첫머리를 시작해 주어야겠어."
　"시경은 부끄럼쟁인데."
　"그야 우리도 잘 알지. 그렇지만 한번 말문이 트이면 누가 말려도 안 되는 거 잘 알잖아?"
　"크크크, 그렇지. 특히 국문 쓰자는 얘기면 두말할 필요 뭐 있나."

세문이 말했다.

"토론이라는 게, 그러니까 스승을 모시고 옛 성현의 말씀을 되새기는 공부법하고는 아주 다르다, 이 말이지?"

친구들은 태어나 처음 해 보는 토론회에 들뜨기도 했지만 걱정도 되었다.

"수업 시간에 배운 대로 하면 되지 않을까?"

신학문을 공부하고 온 서재필은 학생들에게 토론이야말로 좋은 공부법이라며 토론을 하는 방법을 알려 주었다. 한 가지 주제를 정하고 찬성하는 측과 반대하는 측에서 말할 사람도 정해야 했다.

시경과 친구들은 지난주에 모여 첫 번째 토론의 주제를 무엇으로 정할지 의논했다. 여자들도 교육을 받아야 할까? 의회를 설립해야 할까? 백성을 교육시키는 게 가장 시급한 일인가? 등등.

"그날 주제를 칠판 앞에 큰 글씨로 써서 붙이면 좋겠군."

덕기가 말했다.

"그럼, 붓글씨 솜씨가 좋은 자네가 맡으면 되겠군."

"허허, 내가 말하고 내 할 일을 벌였네."

첫 번째 주제는 '국문만 쓰는 것이 나라 발전에 좋겠다'였다. 한문 대신 우리글인 훈민정음으로 교육하는 것이 필요한가에 대한 찬반 토론 형식이었다.

세문이 말했다.

"국문에 관한 문제라면 누가 뭐래도 주보따리가 나서야지. 안 그래?"

"당연하지. 일단 시경이가 주제 발표를 하고 찬성 쪽 의견을 듣는 걸로 순서를 정하지."

"그럼 국문 쓰는 것이 그르다, 유용하지 않다고 반대쪽 의견을 말할 토론자가 있어야 하는데……."

친구들은 호리호리한 키의 이승만을 쳐다보았다.

"허허, 그래. 내가 맡지."

"승만이는 과거 시험공부도 했고, 지금 영어 공부도 열심히 하니 딱 적당한 토론자야. 그럼 반대쪽 토론자 두 명, 찬성 쪽 토론자 두 명은 정해진 건가?"

"같은 황해도 출신 친구인 승만이랑 시경이랑 붙는 거야?"

"토론하는데 고향이 무슨 소용. 우린 논리적인 근거를 대면서 정당하게 토론하는 법을 익히는 거라고."

"제일 중요한 사회자를 정하지 않았네."

친구들이 이런저런 이야기를 하느라 소란스러웠지만 시경은 묵묵히 입을 다물고 있었다. 남들 앞에 나서는 것을 좋아하지 않고 말수도 적은 시경이었다. 그러나 주제 발표를 맡은 것은 더없이 기뻤다. 시경은 어떤 이야기를 어떻게 풀어야 할까, 벌써부터 머릿속이 어지러웠다.

일주일 후에 열린 첫 토론회는 성공적으로 진행되었다.

강당은 토론회라는 걸 구경하기 위해 온 학생들이 띄엄띄엄 앉았다. 연단 위에는 양쪽으로 책상을 배치하고 가운데는 사회자, 왼편과 오른편에는 찬성 측과 반대 측이 서로를 마주 보며 앉았다. 모두가 훈장님을 바라보는 서당의 공부 풍경과는 아주 다른 자리 배치였다. 하긴 이 토론회는 따로 스승이 있는 것이 아니라 학생 스스로 만드는 것이었다.

헐벗은 연단 아래 앉아서 시경을 지켜보았다. 교장과 다른 과목 선생님들, 그리고 학생들에게 토론회를 만들라고 격려한 서재필이 자리를 지켰다.

헐벗은 차분하지만 조리 있게 자기 의견을 내놓는 시경을 볼 때마다 고개를 끄덕였다. 헐벗은 시경이 믿음직스러웠다. 자신의 종업원이자 아끼는 제자, 그리고 함께 조선의 글자를 공부하는 선생님. 저 청년과 함께라면 정의로운 세상을 꿈꾸는 일에 한발 더 가까이 갈 수 있을 것 같았다.

첫날은 그렇게 많은 학생이 토론회에 모인 것은 아니었다. 대체 무엇을 하는 것인지 알지 못했고 그런 모임 자체가 낯설었던 탓이었다. 그러나 토론회에서 일어난 일들은 순식간에 소문이 퍼졌다.

"이봐, 소식 들었어? 내일 모레 저녁에 협성회에서 세 번째 토론회를 연다는군. 같이 보러 가지 않겠나?"

"당연히 가야지. 이번 주제는 뭐라고 하던가?"

"부녀자에게 교육을 허락하는 것이 마땅한가."

"엥? 여자들이 공부할 필요가 뭐 있나? 과거 시험 볼 것도 아닌데. 아기 낳고 살림하는 데 윤리학이니 천문학이 뭐 필요해?"

"서양 각국처럼 부녀자를 교육해야 나라가 부강해진다는데, 그게 말이 되는지 근거를 대야겠지. 찬반 토론하는 장면이 마치 장기판 싸움 벌이는 것보다 재미있다네."

"그럼 찬성하는 쪽은 빨간 장기 알, 반대는 파란 장기 알인가?"

"나는 반댈세."

"나는 아직 이 문제는 고민해 본 적이 없어서 말이야. 협성회 친구들이 뭐라고 하는지 일단 가서 들어 보자고."

학생들의 토론회는 횟수가 거듭될수록 입소문이 퍼져 모이는 사람이 많아졌다. 강당을 가득 메운 학생들의 숨결과 체온은 분위기를 더 후끈 달구었다.

그렇게 토론회는 꼬박꼬박 정기적으로 열렸다.

헐벗은 《독립신문》 사무실에 들렀다. 창문을 활짝 열어도 무더운 공기는 가시지 않았다. 헐벗은 이 나라 전체가 갑갑한 공기에 갇힌 것 같다고 생각했다.

'아, 대한 제국이여.'

고종은 지난 가을, 대한 제국을 세계만방에 선포하고 자주국임을 알렸다. 하지만 제국의 위엄은 위태롭기만 했다.

시경은 헐벗이 들어온 것도 모르고, 땀을 흘리며 책상 앞에 앉아 있었다. 자료를 보는 건지 기사를 쓰는 건지 헐벗이 들어온 줄도 모르는 모양이었다.

오른쪽 엉덩이를 살짝 들었다가 다시 왼쪽 엉덩이를 살짝 들었다가 하는 폼이 엉덩이에 땀띠라도 난 것이 분명했다.

'날이면 날마다 쉬지 않는구나.'

헐벗은 시경을 방해하지 않으려고 조용히 문을 닫고 뒷걸음질로 나왔다.

그날 저녁 종업식이 열렸다. 조금이라도 더위가 덜한 때를 택해 저녁 무렵 행사가 열린 것이었다.

협성회 회원인 시경은 매우 바빴다. 귀한 손님이 많이 오는 행사라서 책상이며 의자며 연단을 꾸미는 탁자보 등 준비할 것이 많았다. 그보다도 오늘은 토론회 시범이 있었다.

세문도 불안한지 시경에게 물었다.

"매번 하는 토론회인데 오늘은 어찌 떨린다."

"걱정 마. 잘할 거야. 각국 외교 사절단에 정부의 높은 관리까지 온다니 이보다 더 좋은 기회가 어디 있어? 우리 젊은 학생들이 어떤 나라를 꿈꾸는지 만천하에 알릴 수 있는 멋진 시간이 될 거야."

세문도 싱긋 웃었다.

"그렇지? 우리 친구들의 기량을 맘껏 보여 주자고. 그리고 우리 대한의 미래가 어떤지도 알려 주고 말이야."

시경과 세문은 서로의 어깨를 툭툭 쳤다.

시경은 한 해 동안 공부를 잘 마친 자신이 대견했다. 어린 시절 서당에서 공부할 때도 이 비슷한 행사가 있기는 있었다. 행사라고 하기는 뭣하지만 책 한 권을 마치면 감사의 마음을 담아 훈장님께 떡과 술을 대접했던 것이다. 가난한 시경이었지만 부모님은 정성껏 떡을 준비해 주시곤 했다.

"신학문을 배우는 곳은 책거리도 신식이야."

잠시 들른 평복이 우스갯소리를 했다. 평복은 종업식에는 참석하지 못하는 대신 미리 시경을 만나러 왔다.

"헤헤, 졸업식을 저녁에 하는 탓에 등잔 기름이 더 필요하게 됐나 봐. 그 덕에 네 얼굴도 보고 간다. 축하해."

평복은 시경에게 날달걀 하나를 내밀었다.

"너도 무슨 발표한다며? 목소리 잘 나오게 이거 하나 까서 먹어라. 암탉한테 금방 뺏어 온 거라 따뜻하다."

시경은 앞니로 뾰족한 달걀 앞부분을 톡 깼다. 그리고 달걀을 돌려 반대쪽의 둥그런 부분도 톡 깨서 쭈욱 빨았다. 미끄덩하고 달걀이 목구멍으로 넘어갔다. 비릿하고 고소한 게 저절로 힘이 나는 것 같았다.

종업식은 교장의 인사말, 참석한 내빈 소개, 축사 등 지루한 순서가 차례대로 이어졌다. 그리고 2부 순서로 선보인 토론회. 학생들이 긴장한 탓인지 목소리에 힘이 들어가고 얼굴이 상기되었다. 시경도 다르지 않았다. 평복이 준 달걀 덕일까. 목소리는 카랑카랑, 하는 말마다 또렷하게 나왔다. 시경의 토론이 끝나자 우레 같은 박수 소리가 터졌다.

동렬이가 협성회를 대표해 서재필에게 감사 인사를 전했다.

"제이슨 박사님께서 저희를 지도해 주셨습니다. 스승님께 감사하는 뜻으로 작은 마음의 선물을 준비했으니 비록 약소하지만 부디 받아 주시기 바랍니다."

학생들이 어렵게 한 푼 두 푼 모아서 준비한 선물이었다. 시경도 저 선물 값을 보태느라 이번 달 생활비에서 얼마를 덜어야 했다. 기쁜 마음으로 준비하는 책거리 떡이나 마찬가지였다.

서재필은 크게 웃었다.

"아니, 이건 영어 사전이잖나? 내 영어 실력이 그렇게 형편없단 말이지?"

대표로 선물을 전달하고 감사 편지를 읽은 동렬의 얼굴이 빨개지고 말았다.

"하하하, 농담이야 농담. 정말 고맙네."

영어 사전은 귀하고 비싸서 학생들이 장만하기 쉽지 않았다. 그 순간

시경은 뒤통수에 번개를 맞은 것처럼 번쩍하는 느낌이 들었다.

'사전! 우리글에도 사전이 있어야 한다.'

시경이 그런 생각을 하는 동안 종업식장은 어수선하게 정리가 되어 갔다. 학생들은 빠져나가고 손님들은 음식이 차려진 연회장으로 옮겨 갔다. 시경은 헐벗을 따라 연회장으로 갔다. 음식 차리는 일은 다른 사람들이 했지만 그것 말고도 간단한 심부름이나 도울 일이 많을 것 같아서였다. 그리고 시경은 단순한 학생이 아니라 《독립신문》의 직원이었다.

오늘 사람들의 화제에는 당연히 《독립신문》 이야기가 나올 것이었다.

연회장 안은 좁았지만 지체 높은 사람들이 모여 있어서 그런지 분위기가 고상했다. 시경은 서재필이나 헐벗이 부르면 언제라도 달려가도록 한쪽에 서 있었다.

러시아 외교관 한 사람이 서재필에게 말했다.

"자주 민권이라…… 좀 이상하지 않나요?"

러시아 외교관은 아까 학생들이 토론한 내용 중에서 대한 제국, 즉 조선의 자주와 민권을 부르짖은 부분을 트집 잡았다.

서재필은 눈썹 하나 까딱하지 않았다.

"자주 민권은 우리에게 시급하오."

"미국인 필립 제이슨은 미국에서 미국 정부한테 자주 민권을 요구해야 하는 거 아닌가요?"

서재필의 눈빛이 흔들렸다. 그의 여권은 미국 국적이었다. 그때 미국 외교관이 서재필에게 귀엣말을 했다.

"당신은 고종 황제와 친한 러시아 세력들에게 미움을 받고 있어요. 자주 민권이라니 황제가 좋아하겠습니까? 아마 당신을 제거하려고 이 나라 정부의 관리들이 움직일 것입니다. 더 위험해지기 전에 가족을 데리고 미국으로 돌아가시오."

미국 외교관은 서재필의 두 번째 부인, 즉 미국 시민인 뮤리엘과 어린 딸 스테파니의 안전을 걱정했다. 서재필의 첫 번째 부인은 역적의 가족이라는 이유로 노비가 되었다가 스스로 목숨을 끊었다. 어린 아들은 굶어 죽었다.

서재필은 씁쓸한 웃음을 짓더니 슬쩍 자리를 피해 조선인 관리들 곁으로 갔다. 그러나 정부 대신이라는 사람들도 서재필을 좋게 보지 않았다. 분위기가 어색하자 헐벗이 슬며시 끼어들었다.

"인자하신 고종 황제께서 우리《독립신문》의 창간을 적극 찬성하셨습니다. 우리 신문의 구독자 수도 늘고 국문판은 특히 인기 있습니다."

그러나 정부 대신의 반응은 싸늘했다.

"국문? 폐하께서는 앞으로 언문으로만 공식 문서를 쓰라고 했던 명령을 거두셨소. 언문으로 상소를 올리다니 안될 말이지요, 암."

헐벗은 잠시 당황했다.

"국문으로 쓰면 백성들 교육이 됩니다."

"무지렁이 백성들마저 민주니, 민권이니 하는 망령된 소리들을 지껄이게 된다는 뜻입니까? 감히 대군주 폐하께서 계신데, 백성이 주인? 허허, 이거 말세로군, 말세야."

헐벗은 그만 입을 다물고 말았다. 자칫 고종을 모욕하는 소리로 듣기라도 하면 큰일이었다. 벼랑 끝에 몰린 나라 안팎의 사정을 누구보다 걱정하고 한없이 백성을 사랑하는 온화한 황제. 그에게 대적할 마음은 없었다.

그러나 서재필은 날카롭게 되받아쳤다.

"조선은 병들었습니다. 병을 고치려면 어찌해야 할까요? 무당을 불러 굿을 하겠습니까? 의사에게 보이고 병균을 없애겠습니까?"

성무 관리는 입을 다물고 말았다. 서재필이 미국에서 서양 의사가 되어 돌아왔다는 건 누구나 아는 사실이었다.

서재필이 힘주어 말했다. 상처를 도려내는 수술칼처럼 예리했다.

"병균을 제거하지 않는 한 정신의 돌림병은 없어지지 않습니다."

정부 관리는 헛기침을 몇 번하고 턱수염을 쓰다듬더니 자리를 피하고 말았다. 서재필과 더 이상 말을 섞기 싫다는 뜻이었다.

시경은 멀리서 그 모습을 지켜보며 애가 탔다.

'선생은 우리 조선에서 병균을 없애자고 한다. 정신의 돌림병이라니…… 우리가 벗어던져야 할 나쁜 풍습을 말하는 거겠지만 저들은 다르게 받아들일 거야. 조선의 얼과 폐하의 위엄을 손상시키는 게 아닌가 걱정할 거란 말이지.'

시경은 연회가 끝나고 헐벗과 함께 나왔다. 대부분의 손님들은 일찌감치 떠난 뒤였다. 학교 밖 골목은 몹시 어두웠다. 헐벗이 걱정스레 물었다.

"집까지 얼마나 걸립니까?"

"금방 갑니다."

거짓말이었다. 걸어서 가는 그 길은 멀었다. 동네 골목은 어둡고 좁아서 위험하기도 했다. 그러나 늘 그렇듯 날마다 걷는 길이었다.

헐벗이 지갑에서 돈을 꺼냈다.

"전차는 이미 끊겼을 테니, 인력거를 불러서 타고 가십시오."

시경은 애써 사양했다.

"아닙니다. 제가 어떻게 선생님 돈으로 감히."

그때 헐벗을 태우러 마차가 도착했다. 사실 헐벗의 집은 멀지 않았다. 걸어서 조금만 가면 되었다.

"자, 이 마차를 타시오."

헐벗은 마차꾼에게 삯을 미리 건네려고 했다.

시경은 한사코 말렸다.

"아닙니다. 생각도 정리할 겸 걷겠습니다."

시경의 고집을 아는 헐벗도 더 이상은 조르지 않았다.

"그럼, 우리 집 근처까지 함께 갑시다. 달빛이 좋으니 나도 걷고 싶습니다."

시경은 헐벗이 앞장서기를 다소곳이 기다렸다. 어른과 함께 걸을 때는 한두 걸음쯤 뒤처져 조용히 따라가야 하는 예절이 몸에 밴 탓이었다. 그러나 헐벗은 자꾸만 시경의 걸음걸이에 속도를 맞추며 바짝 곁에 붙었다.

"달나라에 옥토끼가 산다, 이 이야기는 참 재미있습니다."

시경은 헐벗과 이런 이야기를 나누는 게 즐거웠다. 헐벗은 요즘 조선의 옛날이야기를 모으고 있었다. 입에서 입으로 오랜 세월 전해 내려온 조선의 옛이야기를 영어로 번역해서 책으로 묶을 계획도 있었다.

청계천을 지날 때쯤, 개구리 울음이 요란했다가 뚝 끊겼다. 헐벗이 웃었다.

"평복, 개구리 소년. 개구리라는 말을 가르쳐 주려고 정말 개구리를 데려왔었습니다."

시경도 웃었다.

"제가 선생님을 처음 뵌 게 그때였지요. 혹시 개구리 한 마리에 얽힌 옛날이야기를 아십니까?"

시경은 구수한 옛이야기를 시작했다. 틈만 나면 재미난 이야기를 해 달라고 조르는 큰 딸내미 덕에 이야기를 자주했던 것이다.

"옛날 숲속 날짐승들이 노래자랑 대회를 열었어요. 그런데 까마귀란 놈은 아무리 생각해도 자기가 일등을 못할 것 같았죠. 그래서 심판을 보기로 한 백로에게 남몰래 개구리를 갖다 바쳤대요."

"뇌물?"

"네. 드디어 노래자랑이 열리는 날……."

그때 난데없이 돌멩이 하나가 휙 날아왔다. 돌멩이는 헐벗의 이마를 아슬아슬하게 비껴갔다. 아찔한 순간이었다.

"노랑이, 노랑이! 썩 물렀거라!"

"조선의 기운을 빨아먹는 서양 귀신은 물러가라!"

시경은 화들짝 놀라 헐벗을 부축하며 소리쳤다.

"어떤 놈들이냐? 거기 서!"

그러나 돌을 던진 사람은 냅다 도망간 뒤였다.

시경은 어찌할 바를 몰랐다.

"괜찮으십니까? 마차를 타실 걸 그랬습니다."

헐벗은 아무렇지 않은 듯 옷에 묻은 먼지를 툭툭 털었다.

"다 왔습니다."

헐벗이 시경의 손을 잡았다.

"시경, 전차 타 봤습니까?"

"네. 그야 물론."

"전차는 양반님 가마처럼 누구는 더 기다려 주고 누구는 태우지 않고 그러질 않습니다. 양반 상놈 남자 여자 구별하지 않고 같은 자리에 앉히지요. 온다는 시각에 오고 간다는 시각에 갑니다. 세상은 변합니다."

시경은 헐벗의 푸르고 깊은 눈을 바라보았다. 그의 눈동자에 한 청년이 비쳤다. 굳게 다문 입, 오로지 우리말과 글 연구에 평생을 바치겠다고 결심한 자신 말이다.

"코리아의 알파벳은 새로운 시대를 열 것입니다. 자유와 민권의 시대 말입니다. 나는 악랄한 일본의 손아귀에서 벗어나 정의가 반드시 승리할 것이라 믿습니다."

헐벗은 시경의 손을 오래도록 마주 잡았다.

헐벗과 헤어져 홀로 집으로 돌아오며 시경은 하늘을 올려다보았다.

'우리말에도 지도가 필요해. 영어의 명사처럼 우리말에도 이름을 가리키는 낱말들이 있잖아. 이름씨라고 부를까? 그럼 동사는 움직씨! 아, 전국 팔도마다 다른 사투리부터 모아야 할지도.'

시경은 가슴이 벅차오르는 걸 느꼈다.

우리말 사전.

또 하나의 소명이 싹 텄다. 하늘의 별을 길잡이 삼아 길을 찾듯이 사전은 우리말 연구의 길잡이가 될 것이다.

별이 총총. 푸르고 깊은 밤이었다.

주보따리
달려라

감옥 안은 어두웠다. 두꺼운 창살 틈으로 햇빛 한 줄기가 위태롭게 비칠 뿐이었다.

시경은 온몸이 욱신거렸다. 군졸들의 몽둥이찜질을 받았지만 이만한 게 다행이었다. 얼핏 비릿한 피비린내가 났다. 자신의 몸에서 나는 냄새인지 옆 친구에게서 나는 것인지 알 수 없었다.

"시경? 정신이 드나?"

세문이었다.

시경은 멍이 들고 부은 눈을 간신히 떴다.

"다른 친구들은?"

"다들 무사한가 봐. 우리들이 또 무슨 꿍꿍이를 펼칠지 모른다며 여

기저기 흩어서 가둬 놨대. 야비한 황국 협회˚ 놈늘!"

시경은 입안이 썼다.

"황국 협회 뒤에는 또 다른 세력이 있겠지."

시경은 그렇게 말해 놓고 덜컥 겁이 났다. 그건 어쩌면 나라님을 욕하는 것이 될 수도 있기 때문이었다.

세문이 말했다.

"우리 독립 협회가 종로에서 만민 공동회를 연 것이 눈엣가시였을 거야."

"그렇게 많은 백성들이 모여 서로 열변을 토하는 모습을 보고 나는 감동받았어. 우리의 미래가 아주 밝다는 거니까."

시경은 작년부터 독립 협회의 임원이 되어 활동하고 있었다. 고종 황제는 외국 세력에 의존하지 말자는 독립 협회를 지지했다. 만민 공동회를 열어 정부 관리가 독단적으로 외국과 이권 거래를 하지 말 것, 나랏돈 쓰는 일을 백성에게 알릴 것을 합의하자 이를 허락했었다.

그러나 보수적인 정부 관리들은 달랐다. 독립 협회가 폐하를 업신여기고 공화정을 주장한다는 것이다. 점차 고종 황제는 독립 협회를 불편하게 여기게 되었다.

고종은 독립 협회를 강제로 해산시켰다. 시경과 친구들은 부당한 조치라며 강력하게 항의했다. 그리고 그 결과 감옥에 끌려오고 만 것이었다.

˚ 1898년에 독립 협회 및 개화 세력을 탄압하기 위해 수구 세력이 조직한 단체.

시경은 피딱지가 말라붙은 입술을 간신히 뗐다.

"안…… 창호는?"

독립 협회의 평양 지회를 맡은 안창호는 서로 알게 된 지 얼마 되지 않았지만 마음이 잘 맞았다. 협성회의 토론회에 처음에는 구경만 하더니 훨씬 적극적으로 참여하기도 했다. 사람들 앞에서 감동적인 연설을 잘하는 안창호. 시경은 그가 무사한지 걱정이 되었다.

"낸들 알겠나. 다들 얻어맞고 끌려온 신세니."

그때였다.

감옥 입구가 환히 밝아졌다. 열쇠 꾸러미를 철렁대며 군졸 하나가 앞장서고 누군가 뒤따라 들어왔다. 갑자기 들이닥친 빛 더미에 그의 모습은 검은 그림자의 형태로만 보였다.

"아, 헐벗……."

시경은 그림자만 보고도 단박에 알아볼 수 있었다. 남들보다 큰 키에 양복바지를 입은 헐벗이 좁은 감옥 안으로 머리를 수그리고 들어섰다.

헐벗은 시경의 손을 잡았다.

"늦어서 미안합니다."

"선생님께서 이런 곳에 오시면 안 됩니다."

"친구가 있는 곳에, 나는 옵니다."

"쉽게 들여보내 주지 않았을 텐데……."

"개구리를 줬습니다."

"개구리?"

시경은 껄껄 웃고 말았다. 뺨이 부어 웃을 때마다 아팠지만 헐벗의 농담에 맘껏 웃는 게 보답인 것 같았다.

"간수들에게 뇌물을 주셨군요."

며칠 뒤 시경과 몇몇 친구들은 풀려났다. 그러나 모두 풀려난 것은 아니었다.

독립 협회는 완전히 무너지고 말았다.

시경은 몸을 추스르자마자 《독립신문》 사무실로 갔다. 사무실은 먼지가 풀풀 날리고 썰렁했다. 의자도 부서지고, 선반 위에 차곡차곡 쌓여 있던 자료들은 뒤죽박죽 쓰레기처럼 휘날려 있었다.

시경은 서재필의 편지를 다시 꺼냈다. 서재필은 결국 미국으로 추방당하고 말았다. 조선에 계속 남아 있어도 그의 이상을 펼치기는 어려웠을 것이다.

서재필은 시경에게 《독립신문》을 부탁한다고 했다. 윤치호를 사장으로 앉혀 뒷일을 도모하라고 했지만 윤치호에게 그만한 의지가 있는지 불안했다. 실무야 시경이 맡는다고 해도, 황제의 눈 밖에 난 마당에 신문을 발행하는 일이 쉽지는 않았을 것이다.

시경은 두 주먹을 불끈 쥐었다. 주먹이 부르르 떨렸다.

시경은 갑자기 무슨 생각이 들었는지 냅다 밖으로 나갔다. 시경은 복잡한 시장 골목을 지나 평복을 찾아갔다.

평복은 주판을 튕기며 장부를 정리하고 있었다. 작지만 자기 가게를 꾸리게 된 평복은 남달라 보였다.

평복은 시경이 가게 안으로 들어서는 것을 보자 버선발로 뛰어나갔다.

"주보따리, 몸은 좀 어때?"

"그럭저럭 괜찮아."

"평복아, 부탁이 하나 있어."

"네가 나에게 웬일로?"

시경은 목소리를 낮췄다.

"네가 거래하는 사람 중에 러시아 사람도 있지?"

"있지. 아주 통이 크고 화끈한 사람 하나를 알지."

"그 사람들한테서 총 한 자루를 구할 수 있을까?"

평복은 화들짝 놀라고 말았다. 총은 조선 천지에서 귀한 물건이었다. 무장한 일본 군인이나 외국인들은 총을 가지고 있기도 했다. 조선의 군인들은 아직 창이나 칼을 쓰기도 하는데 총이라니. 게다가 얌전하고 성실한 시경이 왜 총을 구해 달라는 것일까.

"초, 총? 뭐하게?"

시경의 얼굴이 굳어졌다.

"승만이는 아직 감옥에 있어. 우리는 죄가 없다고."

평복은 달아오르는 열을 식히려고 손부채를 부쳤다.

"시경아, 너 정신 차려라. 감히 탈옥을 시키겠다는 거야?"

시경이 입술을 꾹 다물고 고개를 끄덕이자, 평복이 가슴을 퍽퍽 쳤다.

"잘 생각해 봐. 네가 어떻게 풀려났겠니? 백로한테 개구리 바치듯 뇌물을 먹였을 것 같니? 그 깐깐한 헐벗 선생이?"

107

시경은 잠자코 듣기만 했다. 평복이 총알 쏘듯 마구 말을 뱉어 냈다.

"헐벗 선생이 황제께 가서 사정했단 말이야. 만약 다른 사람이 그랬다면 네 목숨을 구해 줄 것 같아? 헐벗 선생은 명성 황후께서 시해당하고, 황제마저 죽임을 당할지 모르는 위험한 시기에 황제 곁을 지킨 분이야. 밤새 잠들지 않고 침소에서 경호를 했어. 자기 목숨을 걸고 황제를 보호했다고. 그러니 황제께서는 헐벗의 간청을 들어준 거지. 하지만 그렇게 풀려난 네가 몰래 누군가를 탈옥시키면 어떻게 될까? 헐벗마저 황제의 눈 밖에 나고 미움을 받아. 넌 지금 스승을 위험에 빠트리려는 거야."

그래도 시경의 표정은 변함이 없었다.

"우리 독립 협회는 옳은 일을 했어. 옳은 말을 한 학생을 가두는 건 옳지 않아."

"고을 수령이나 관찰사를 백성들이 뽑는다는 게 말이 되냐?"

"우린 당장 그게 말이 되냐 안 되냐를 따지는 게 아니라 모두의 지혜를 모으자는 거야. 그래서 만민 공동회가 필요한 거고. 우리가 자주 독립국이 되려면 무엇이 필요한지 알자는 거지."

평복은 애써 목소리를 눌렀다.

"독립 협회 일은 손을 떼. 네가 해야 할 일은 더 중요한 게 있잖아? 만일 다시 감옥에 가거나 쫓기는 신세가 되면 우리글 연구는 누가 하니?"

시경이 멈칫하자 평복은 더 세게 밀어붙였다.

"네 할 일은 꿋꿋이 우리말과 글을 연구하는 일이야. 당장 일본이 호시탐탐 주권을 넘보고 나라가 어지러운데, 잘 생각해서 행동해야 해."

"알았어. 네가 못하겠다면 총은 내가 구해 볼게."

시경은 고집을 꺾지 않았다.

"뭐? 이 친구가 정말!"

평복은 냉수를 벌컥벌컥 마셨다.

"서재필처럼 너도 쫓겨나고 싶냐? 한 번도 아니고 두 번이나 나라에서 쫓겨난 그 사람 신세처럼 되고 싶냐고?"

시경은 마음이 무거웠다.

얼마 뒤 시경은 다시 배재 학당에 입학했다. 이미 졸업한 몸이었지만 우리말과 글을 더 연구하려면 다른 언어도 공부해야 할 필요가 있었다.

헐벗은 그런 시경에게 힘이 되어 주었다.

"영어 문법을 좀 더 파헤쳐 보는 작업이 필요합니다. 혹시 궁금한 게 생기면 언제든지 제 방문을 두드리십시오. 두드리는 사람에게만 문이 열린다는 말이 있습니다. 시경, 열심히 두드리고 길을 찾읍시다."

헐벗은 시경과 함께 인도 말에 관한 책을 읽기로 했다. 헐벗은 시경의 든든한 동지였다.

"며칠 빌려주시면 먼저 읽어 보도록 하겠습니다."

"그렇게 하십시오. 저는 미국에 있는 가족에게 편지를 쓸 작정입니다. 이곳에서 구하기 어려운 책이 있어서요. 제 형님께서 그 책들을 사서 배편으로 부치면 인천까지 올 겁니다. 몇 달 걸리기야 하겠지만."

시경은 헐벗이 주는 책을 정성스레 받아 보자기에 쌌다. 책에 흠이 갈세라 다른 책들 사이에 고이 모셨다는 편이 맞았다.

헐벗이 웃었다.

"보따리가 점점 커집니다. 오늘도 수업이 있습니까?"

시경은 한편으로는 학생이지만 한편으로는 국어 강습소의 선생님이었다. 우리글을 배우고 싶어 하는 사람은 많지만 정작 그 글을 가르칠 사람은 부족했던 것이다. 또 우리글이 만들어진 원리를 이해하고, 그 원리에 따라 어떻게 적는 것이 옳은지를 따져서 설명해 줄 선생도 드물었다.

"오늘은 이화 학당과 명신학교에서 수업이 있습니다. 댕기 머리를 한 총각부터 신식 양복을 입은 사람까지 다양합니다만, 실력은 아직 걸음마 수준입니다. 그렇지만 열의만큼은 뛰어나서 제가 더 신이 납니다."

헐벗은 시경의 건강이 걱정되었다.

"당신의 공부를 하기에도 시간이 부족합니다. 그런데 그렇게 많은 수업을 하러 다니면 피곤하지 않습니까?"

"오히려 신바람이 납니다. 더 이상 《독립신문》도 못 내게 된 마당에 제가 할 일을 찾았으니까요. 민족을 교육하고 우리글을 살리기 위해서 내가 할 일은 무엇일까, 많이 고민했습니다. 한편으로는 연구를 하되, 우리말과 글을 가르칠 선생을 키워 내는 게 가장 시급하다는 생각이 들었습니다. 국문 선생이 많아져서 산골짜기든 바닷가든 우리글 읽는 소리가 울려 퍼지게 해야지요. 그러려면 제 뒤를 이을 제자를 길러야 합니다. 한 사람이 선생이 열 사람을 가르치고 그 열 사람이 또 백 사람을 가르치면 됩니다."

헐벗이 뿌듯한 눈으로 시경을 바라보았다.

'가르치면서 배우는 사람. 나도 그 기쁨을 잘 알지요.'

헐벗과 시경은 굳이 말하지 않아도 서로가 닮았다는 것을 알았다. 공부하기 좋아하고 그 공부한 것은 반드시 나누고 싶어 하는 사람. 배우는 것만큼 가르치는 일을 즐거워하는 사람이었던 것이다.

헐벗이 종이에 싼 떡을 내밀었다.

"우리 집일을 도와주는 아주머니께서 만든 것입니다."

헐벗은 맵고 짠 조선 음식을 먹는 게 힘들었다. 그러나 고소한 떡은 입에 잘 맞았다.

"나는 많이 먹어서 배부릅니다."

거짓말이었다. 시경이 끼니를 거르고 뛰어다니는 걸 알고 챙겨 주는 것이었다.

시경은 꾸벅 고개를 숙였다.

"감사합니다."

결국 시경의 보따리는 또 커지고 말았다.

"그럼, 저녁에 봅시다. 오늘도 모임이 있지요?"

"네. 나중에 뵙겠습니다."

시경은 도포 자락을 휘날리며 빠르게 걸었다. 뛰듯이 걸어야 수업 시간에 늦지 않았다.

시경의 하루 일과는 꼭두새벽부터 시작되었다. 해가 뜨기 전 일어나 마당을 쓸고 나뭇짐이나 물독에 물이 충분한지 확인했다. 아침상을 받기 전 공부를 하고, 오전에는 학교에서 수업을 듣고 오후에는 국어 강습소를 쫓아다니며 학생을 가르쳤다. 그 후엔 인쇄소에 들러 편집과 교정을 보았고 집에 돌아온 뒤에도 밤늦게까지 책을 읽었다. 그의 시간표는 보통 사람이라면 도저히 흉내 내기도 어려운 빡빡한 일정이었다.

하루 네댓 시간이나 잘까. 하지만 어렸을 적부터 부지런히 몸을 움직이던 습관이 배어 있어 힘들어도 힘들다는 티를 내지 않았다.

도포 자락을 획획 휘날리던 시경의 뒤에 동네 아이들이 노래를 부르며 조르르 따라왔다.

> 우하하하, 주보따리 달려간다.
> 보따리 속 뭐 들었나
> 보리개떡 소떡 똥떡
> 한 개 줘 봐 주보따리
> 두 개 줘 봐 주보따리.

시경은 아이들이 그러는 게 하나도 밉지 않았다. 오히려 시간이 좀 남는다 싶으면 부끄러운 것도 없이 아이들과 어울렸다.

"얘들아, 내가 지은 노래 하나 가르쳐 줄까?"

시경은 이러면서 자기가 지은 노랫말을 우렁차게 불렀다.

> 범아 범아 날랜 범아 천 길을 뛰려느냐 만 길을 뛰려느냐.

 범은 호랑이였다. 호랑이는 우리 민족이었다. 언제 잠을 깨고 이 거친 세상에서 우뚝 서서 제 갈 길을 뛰어갈까.
 아이들은 시경의 노래를 따라 부르며 졸래졸래 뒤따라왔다.
 한 녀석이 소리쳤다.
 "어, 저기 누가 쓰러져 있어요!"
 아니나 다를까. 열서넛은 되어 보이는 아이가 학교 문 앞에 쓰러져 있었다. 시경은 얼른 달려가 그 아이를 일으켰다.
 "아니, 너는 상호 아니냐?"
 "서, 서…… 선생님."
 아이는 힘이 없어 겨우 대답했다.
 시경은 아이의 얼굴을 살폈다. 얼굴색이 누렇고 배는 빵빵하게 헛바람이 든 것 같았다. 먹지 못해 영양실조에 걸린 것이었다.
 "얘야, 저기 우물에 가서 물 좀 떠오련?"
 시경은 한 아이에게 부탁을 한 뒤 보따리를 풀어 헐벗이 준 떡을 꺼냈다. 떡에 물을 묻히고 손으로 잘게 이겨 아이의 입에 넣어 주었다.
 "천천히, 꼭꼭 씹어라. 탈 난다."
 아이는 천천히 떡을 씹었다. 잠시 뒤 얼굴에 발그레한 기운이 조금씩 돌았다.

범아 범아 날랜 범아

천 길을 뛰려느냐

천 길을 뛰려느냐

그사이 동네 꼬맹이들은 풀어 헤친 보따리 속을 보느라 바빴다.
"우와, 글자다."
"네가 글을 아냐?"
"왜 몰라. 이건 국문이야. 가갸고교……."
"흥, 제대로 알지도 못하면서."

국문을 안다고 했던 아이는 입을 다물어 버렸다. 글자를 읽을 줄 모르는 것이었다.

시경이 웃었다.

"너희들, 나중에 저기 느티나무 밑으로 올래? 내가 글자를 가르쳐 주마."

"진짜요?"

시경은 자기 하루 일과를 적은 시간표를 떠올려 봤다. 밥 먹는 시간을 조금 줄이면 이 학교에 오기 전 짬을 내서 동네 아이들을 가르칠 수 있을 것 같았다. 그저 흙바닥에 작대기로 적어도 괜찮았다. 간단한 자모음만 알려 주어도 아이들은 금세 배우기 마련이었다. 큰아이를 가르치면 그 아이가 또 다른 아이를 가르칠 것이다.

아이들은 그저 좋아서 어디서 주워들은 가갸거겨 소리를 노래처럼 불러 댔다.

가갸거겨 고교구규.

시경이 상호를 일으켜 세워 학교로 들어갔다.

"허참, 고 녀석들 개구리처럼 목청도 좋다."

당신 책은
위험하다

"나 참, 여기를 누가 한성 한복판이라고 믿을까. 첩첩산중 골짜기 속 같이 어둡네그려."

평복은 연방 투덜대며 걸음을 재촉했다.

푹푹 찌는 한낮의 여름, 덥기도 더웠다. 양손에는 각각 묵직한 보따리까지 들고 있어서 더 더웠다. 보따리 속에 든 신문을 꺼내 부채질을 할 법도 한데 평복은 그러지 않았다. 이 신문을 얼른 시경에게 보여 주어야 했다.

《독립신문》은 이미 폐간된 지 오래였다. 이 신문은 《대한매일신보》. 지금 이 신문을 들고 있는 걸 일본 경찰에게 들키면 큰일이었다.

'이럴 줄 알았으면 보리 자루는 두고 오는 건데.'

시경의 아내는 얼마 전 갓난아기를 낳았다. 가난한 살림에 끼니는 제대로 챙겼는지 걱정이 되어 평복이 찾아온 것이었다.

"거의 다 와 가는데……."

평복은 시경의 집을 찾을 때마다 마음을 단단히 먹었다. 한성 안에 있는 곳이지만 오는 길이 만만치 않았다. 평생 부유하게 살아 본 적 없는 시경은 어쩌면 이만한 동네에 구한 집이라도 감사히 여겼을 것이다. 가진 돈이 얼마 없어서 겨우 구한 집이었다. 집이 다닥다닥 붙어 있어서 한낮에도 양초를 켜야 방 안에서 책을 읽을 수 있었다.

그 어두운 데서 두 눈이 형형하게 빛나는 사람, 꼿꼿하게 허리를 펴고 앉은뱅이책상 앞에 앉은 사람. 시경이었다.

평복은 어두운 방 안으로 들어갔다. 둘이 앉기에도 방은 비좁았다. 그 비좁은 방의 사방에는 온갖 자료들이 산더미처럼 쌓여 있었다. 모두 우리말과 글을 연구하기 위한 자료들이었다.

평복은 보리 자루를 가리켰다.

"아기 태어난 축하 선물."

시경이 환히 웃었다.

"갓난아이 이름은 '임메'라네. 임금처럼, 산처럼 당당하게 자라라고 지은 이름이야."

시경은 집안 어른들의 반대에도 불구하고 자기 아이들의 이름을 솔메, 봄메, 임메 순우리말로 불렀다.

"나는 이쪽 보따리가 반갑군. 고맙네."

또 다른 보따리는 온갖 종이를 모아 묶은 것이었다. 한성은 대한 제

일의 도시지만 종이가 귀했다. 평복은 인쇄소에서 책을 만드느라 자르고 버려진 종이, 전차 승차권, 심지어 꽝이 되어 시장 거리에 버려진 행운권까지 주워 모았다. 이게 다 시경이 하는 국어 연구를 위한 재료이기 때문이었다.

시경은 종이 뒷면이나 여백을 이용해 중요한 내용을 기록하고 그것을 자르고 잘라 낱말 카드를 만들었다.

평복은 방 안을 둘러보았다. 낱말 카드가 소원을 비는 돌탑처럼 차곡

차곡 쌓인 채 무더기무더기 방 안에 빼곡했다.

"국어사전 만드는 일이 가능할까?"

시경이 빙그레 웃었다.

"자네처럼 도와주는 사람이 있으니 곧 완성될 걸세.『말모이』를 편찬하는 일은 우리 겨레가 반드시 해내야 할 일이야."

시경은 삼천리강산의 모든 말들을 모아 우리말 사전을 만드는 중이었다. 대한 제국에는 영어 사전도 있고 프랑스어 사전도 있지만 대한의 사전은 없었다. 우리말 사전이니 '사전'이라는 한자말 대신 '말모이'라는 말을 새로 지은 것도 시경이 한 일이었다.

시경이 방 한쪽에 차곡차곡 따로 모아 놓은 종이 묶음을 보여 주었다.

"이건 이름씨, 그러니까 사람이나 동물이나 사물이나 우주 삼라만상을 가리키는 이름을 모아 놓은 거야. 이쪽은 전라도 지방의 말들을 제자들이 모아서 보내온 거라네."

평복은 그 많은 종이쪽지 묶음을 보니 기가 꽉 눌리는 것 같았다.

저 많은 자료를 언제 읽으며, 어찌 분류하고, 어떻게 적어 넣을 것인가. 생각만 해도 엄두가 나지 않는 작업이었다.

"주보따리, 나는 자네 일이 마치 태산을 옮기려는

것처럼 보여. 숟가락 하나 달랑 들고 이쪽 산을 파내서 저쪽 들판에 옮겨 세우겠다는 사람 같단 말씀이야."

시경이 웃었다.

"숟가락 하나로 태산을 판다…… 해야 하는 일이라면 못할 것도 없지."

평복은 답답했다. 커다란 삽으로 푹푹 떠내도 엄두가 안 나는 일을, 달랑 숟가락 하나라도 덤벼들겠다니 시경은 어리석은 게 아닐까. 하지만 평복도 안다. 시경은 제 꿈을 이룰 것이다. 그의 고집은 쉽사리 꺾일 만큼 허약하지 않았다.

평복은 방 안을 다시 한 번 휘 둘러보았다. 사방에 쌓인 종이 더미와 책 말고는 더 들어설 자리도 없었다.

"갓난애는 어디 갔나?"

"아내가 빨래터에 가면서 데려갔지."

"자네 안사람은 요즘도 삯바느질을 하는가?"

시경의 아내는 남의 집 빨랫감을 가져와 뜯어서 빨고 말리고 다시 꿰매는 일을 했다. 젖먹이를 안고 그 일을 해내기란 여간 힘든 게 아니었지만, 일거리가 있다는 것에 감사하게 생각했다. 고된 일이라도 일이 있어야 식구들 먹을 게 나왔다.

시경은 무더운 방 안에 있지 말고 마당으로 나가자고 했다. 그런데 평복은 주위를 살피더니 방문을 닫았다.

평복은 보따리 안에 고이 넣어 온 신문을 꺼냈다.

"《대한매일신보》라네. 일본 경찰이 이 신문을 찾으려고 눈에 불을 켜고 있다네. 오늘 아침, 대구며 평양, 부산까지 이 신문이 배달되어야 하는데 그걸 막은 모양이야. 다행히 미리 빼돌린 게 있어서 은밀히 사람들 사이에서 돌고 있어."

시경은 긴장했다.

"대체 무슨 기사가?"

평복은 무릎을 바싹 대고 앉았다.

"고종 황제께서 헤이그에 밀사를 파견하셨네. 일본이 대한과 맺은 조약은 무효라는 걸 세계만방에 알리기 위해서지."

시경은 떨리는 가슴을 진정시키고 기사를 읽었다.

평복이 목소리를 낮추었다.

"그런데 헐벗 선생님 말이야……."

시경은 짚이는 데가 있었다.

헐벗은 고종에게 받은 비밀 편지를 들고 미국을 다녀오기도 했다. 미국의 국무 장관과 대통령을 만나 일본이 대한과 강제로 조약을 맺었음을, 그래서 을사조약은 전적으로 무효임을 알리려고 했다. 그리고 1906년 올해, 다시 대한으로 돌아와 헤이그에서 열리는 만국 평화 회의에 밀사를 보낼 것을 건의했다. 각 나라의 대표들이 모이는 자리에서 일본의 야만적인 행위를 규탄하고 대한의 독립을 주장하려던 것이었다. 헐벗은 이준, 이위종, 이상설 세 명의 대표보다 먼저 헤이그에 도착해 신문에 우리 대표단의 호소문을 싣게 했다. 일본은 당황하지 않을 수 없었다.

"요사이 통 뵙질 못했어. 혹시 들은 소식이라도?"

평복의 낯빛이 어두워졌다.

"일본 경찰은 지금 헐벗을 찾으려고 눈에 핏발이 곤두섰다네. 헐벗은 세 명의 헤이그 특사보다 먼저 배를 타고 국내를 벗어났던 것 같아. 황제 폐하에게 비밀 명령을 받아 우리 대한의 독립을 위해 목숨을 걸었을 거야."

평복은 말을 빠르게 이어 갔다.

"어제 일본 경찰이 우리 집에 다녀갔다네. 심부름꾼 아이를 붙잡고 내가 요즘 헐벗을 만나는지, 언제 만났는지 따위를 물었대. 나는 꼬리 밟힐 일은 없네만, 자네가 걱정일세."

시경은 평복의 말을 들어도 얼굴색 하나 흐트러지지 않았다.

"아직 나에겐 찾아오지 않았네. 헐벗 선생이 어떤 일을 했는지 확실한 증거를 못 잡은 게 아닐까?"

"아무튼 조심해야 해."

평복은 재빠른 눈길로 책꽂이를 훑더니 한곳에 가서 멈췄다. 평복이 『사민필지』를 꺼내 들었다.

"이 책은 위험해. 어디 숨기는 게 좋을 거야."

시경은 평복의 손에 있던 『사민필지』의 표지를 쓰다듬었다.

한자가 아닌 우리글로 쓴 우리나라 최초의 교과서. 이 지구에 어떤 나라들이 있고 어떤 사람들이 살고 있는지, 대한은 세계 속에서 어디쯤 위치하는지 알려 주려는 책. 어린애든 여자든 노인이든 누구나 알기 쉽게 어려운 한자 대신 한글로 쓰기를 고집한 책.

시경은 떨리는 손으로 『사민필지』의 첫 장을 넘겼다.

인천에서 커다란 배를 타고 망망한 바다를 건너 몇 달을 가야 겨우 닿는다는 미국 땅. 그 먼 땅에서 온 파란 눈의 헐벗은 이 책을 쓰면서 어떤 기분이 들었을까. 시경의 가슴이 새삼 뜨거워졌다.

푸른 눈의 외국인은 세 가지에 놀랐다고 했다. 너무나 과학적인 글자에 놀라고, 누구나 쉽게 배울 수 있어 놀라고, 마지막으로 이렇게 훌륭한 글자를 업신여기는 데 놀랐다고 했다.

헐벗.

먼 바다를 건너 벗이 되고자 찾아온 사람, 시경의 벗이자 스승이자 제자이기도 한 사람. 시경은 나지막하게 그의 이름을 되뇌어 보았다.

시경은 평복이 말리는 것도 뿌리치고 집을 나섰다. 헐벗이 어디 있을지 짐작 가는 곳이 있었다. 일본이 함부로 간섭하기 어려운 외국인의 집이나 교회 같은 곳에 피신해 있을 게 분명했다.

헐벗은 친한 선교사의 집에 있었다.

시경이 그 집에 찾아가자 하인이 처음에는 그런 분이 없다며 딱 잡아뗐다. 그러나 시경이 이름을 말하자 하인은 잠시 기다리라고 하더니 시경을 안으로 들였다.

헐벗이 환히 웃으며 뛰어나왔다.

"시경, 못 보고 떠나는 줄 알았습니다."

"떠나다니요?"

"미국 정부의 소환 명령이 떨어졌습니다. 일본이 미국에게 계속 압력을 넣었겠지요. 미국은 저의 안전을 보장할 수 없다며 계속 설득했지만 저는 버텼습니다. 그러나 더 이상은……."

헐벗은 뺨이 홀쭉해질 정도로 야위었다.

"당장 떠나라고 하지만, 어차피 배편이 없어서 이틀은 여유가 있습니다. 인천에서 일본까지 가는 배가 모레 뜬다는군요. 일본에서 미국까지 가는 배는 거기서 또 며칠을 더 기다려야겠지만."

헐벗은 고향의 부모님께 편지를 쓰는 중이었다고 했다.

"우리 부모님은 늘 이런 말씀을 하셨습니다. 승리하는 것보다 정의로운 게 더 중요하다. 나는 정의롭지 못한 일본이 조선에게 진 빚을 반드시 갚아야 한다고 믿습니다."

시경은 가슴 한쪽이 저려 왔다. 스승이자 벗이자 동지인 헐벗이 망망한 바다를 건너 떠나간다니.

헐벗이 인자하게 웃었다.

"시경에게 주고 싶은 게 있습니다."

헐벗은 책 한 권을 내밀었다. 『대한 제국 멸망사』. 영어로 쓴 책이었다. 헐벗은 을사조약이 체결되고 나라의 운명이 바람 앞의 등불처럼 위태로울 때 이 책을 썼다고 했다. 일본의 횡포를 세계만방에 알리려는 노력이었다.

시경은 두 손으로 그 책을 받아 들었다.

헐벗이 눈시울을 붉히며 말했다.

"나는 시경의 책을 기다립니다. 십여 년 전, 시경이 준 『대한 국어 문법』은 소중한 저의 보물입니다."

"지금 그 문법책을 다시 손부고 처존 원고를 교정 중입니다. 처음으로 만든 우리글 문법책이라 부족한 것투성이라서요."

시경은 10년째 문법책의 내용을 다듬고 보충하면서 원고를 고쳐 왔다.

"지금 제가 가르치는 학생들은 그 책을 교재로 삼고 있습니다만, 수업을 하다 보면 새로 추가하거나 고칠 내용이 생깁니다."

"가르치면서 배운다! 가르치는 일과 연구하는 일은 항상 함께 움직입니다."

시경은 완성된 책을 스승에게 보여 주고 싶은 마음이 간절했다. 그때까지 헐벗이 이 나라 땅에 머물 수만 있다면.

하지만 헐벗은 조선 땅을 떠나야만 했다.

시경은 팔 하나가 사라진 것처럼 허전하고 서러웠다. 그러나 두 주먹을 불끈 쥐어야 했다.

'제자를 기르자. 우리말을 가르치고 우리의 민족정신을 지킬 인재를 키우는 스승이 될 사람을 길러 내자.'

얼과 말과 글

    1910년 경술년. 일본은 강제로 한일 병합을 저질렀다. 대한 제국은 사라지고 우리 민족은 나라 잃은 백성이 되었다.
    시경은 다시 보따리를 단단히 묶었다.
    『국어 문법』.
    보따리 가운데 중심을 딱 잡아 주는 책이었다. 시경은 책 표지를 쓰다듬었다.
    '국어…… 이 표지마저 저들은 트집을 잡을 것인가.'
    오늘은 모두 세 군데서 우리글을 가르치는 날이었다. 시경은 뛰다시피 보성학교로 갔다. 학생들을 가르치기 위해 교실 문을 들어서는 시경의 발걸음이 무거웠다. 먼저 와서 자리에 앉아 있던 학생들도 얼굴이 굳어 있었다.

"선생님, 왜 간판까지 바꿔야 하는 겁니까?"

일본 총독부는 국어 강습소라는 말을 쓰지 못하게 했다. 한반도에서 국어라는 말은 일본어를 뜻하게 되었다. 하는 수 없이 '조선어 강습소'라는 간판을 달아야만 했다.

조선어. 틀린 말은 아니었다. 그러나 국어라고 못하고 조선어라고 할 때는 나라의 주인이 조선이 아니라고 인정하는 꼴이 되었다.

시경이 무겁게 입을 뗐다.

"여러분, 한민족의 얼은 어디서 나옵니까? 우리말을 잊고 우리글을 잊는다면 얼을 잃는 것입니다. 부디 여러분은 꿋꿋한 기상을 가지고 우리 겨레의……."

그때였다. 가죽 장화를 신은 일본 경찰이 교실 문을 걷어차고 들어왔다.

"불평분자들이 법을 어긴다는 신고가 들어왔다. 다들 손 머리로 올려!"

학생들은 순식간에 겁에 질렸다. 들이닥친 일본 경찰은 번쩍이는 칼을 옆구리에 차고 있었다.

시경은 큰 소리로 외쳤다.

"신성한 수업 시간에 이 무슨 짓이오? 무슨 근거로 이러는 거요?"

그러나 일본 경찰은 막무가내였다. 책상 위에 있던 교과서를 마구 바닥으로 던졌다.

"오호라, 이것 봐라. 국문?"

"이러지 마세요, 이건 내 소중한 책이에요."

학생 하나가 책상에 엎드려 자기 책을 덮었다. 그 위로 날카로운 군홧발이 찍혔다.

"꺼져!"

학생은 비명을 지르며 바닥에 나뒹굴었다. 일본 경찰은 긴 군도를 꺼내더니 보란 듯이 교과서를 그었다.

좌악.

종이 찢기는 소리가 시경의 가슴을 후벼 팠다. 시경은 온몸이 부들부들 떨렸다.

"야비한 놈들."

일본 경찰이 시경의 코앞에 얼굴을 바짝 들이밀었다.

"당신이 선생인가?"

그는 시경의 보따리 매듭을 칼로 그었다. 보따리는 힘없이 풀어 헤쳐졌다.

"불온한 책을 가지고 있는지 조사해야 돼서 말이지."

시경의 보따리 속에 있던 낱말 카드와 책들, 공책들이 마구 흩어졌다. 모두 우리말 연구를 위한 자료들이었다.

일본 경찰은 보따리를 풀어 헤쳐 욕을 보이려는 게 목적이었다. 시경은 어금니를 꽉 깨물었다. 금세라도 눈에서 불꽃이 뿜어져 나올 것 같았다. 일본 경찰은 구석 자리에 있는 학생의 가방에 눈길을 주었다.

"열어 봐."

명령을 받은 부하가 그 가방을 열었다. 『사민필지』가 나왔다.

"오호, 찾았어. 국민의 사상을 위험하게 만드는 책."

시경은 어이가 없었다.

단순히 세계의 지리와 문화를 소개하는 책인데, 왜 위험하다는 것인가. 그들은 헐벗을, 그리고 우리글을 무서워하는 것이었다. 조선 사람이 조선의 글을 쓰게 되는 것 자체를 두려워하는 것이었다.

"이 책은 압수다. 이 책을 인쇄하거나 가지고 다닌 것조차 불법이라는 걸 몰랐단 말이냐?"

일본 경찰은 갑자기 너그러운 척 부드럽게 말했다.

"선생, 잘 들으시오. 학생들이 실수한 모양인데, 나라에서 금지하는 행동을 잘 알려 주란 말이지. 아예 학교 문 닫히는 꼴 보고 싶지 않으면."

일본 경찰은 교실을 난장판으로 만들어 놓고 유유히 사라졌다. 학생들은 넋이 나간 듯 그 자리에 서 있었다. 아무도 말이 없었다. 깊은 먹물 속에 빠진 것만 같았다. 제일 어린 소년이 책을 집어서 먼지를 탈탈 털었다. 그러자 하나둘 따라서 주변을 정돈하기 시작했다.

시경은 찢긴 교과서를 정성스레 챙겼다. 집에 가서 밥풀을 묽게 쑤어서 붙이면 될 것이다.

시경은 다시 칠판 앞에 서서 세 글자를 적었다.

학생들의 뺨으로 뜨거운 눈물이 흘렀다. 누가 먼저였는지 노래를 부르기 시작했다. 시경이 가르친 노래였다.

범아 범아 날랜 범아 천 길을 뛰려느냐 만 길을 뛰려느냐.

슬픈 호랑이는 발톱을 감추고 있었다. 분노를 억누르고 때를 기다리고 있었다. 지금의 고난을 이기고 승리할 그날을 위해 인내할 뿐이었다.

보성학교의 수업은 그렇게 끝이 났다.

시경은 마음을 추스르고 흥화학교로 출발했다. 학생들 앞에서 선생이 흔들리면 안 되었다. 시경은 입을 굳게 다물고 다시 보따리를 질끈 동여맸다.

흥화학교까지는 제법 거리가 있어서 서둘러야 했다. 변변하게 먹은 것이 없어서 속이 쓰려 왔다. 밤낮으로 과로한 탓에 영양 상태도 부실한지 머리가 어지러웠다. 시경은 밤낮 일에 매달리느라 건강이 좋지 않았다. 가난한 살림 탓에 좋은 음식을 챙겨 먹지도 못했다. 잠은 늘 부족했고 힘들었지만 쉴 틈이 없었다. 지금도 눈앞이 노래지고 어지러웠지만 힘을 내야 했다. 시경은 서둘렀다. 자신을 필요로 하는 곳에 가야 했다.

흥화학교에 도착한 시경은 우뚝 멈춰 서고 말았다.

시경의 머릿속이 하얗게 변했다. 시경은 먼지가 풀풀대는 마당을 가로질러 교무실로 갔다.

"주 선생, 오셨소."

교장이 힘없이 시경을 맞아 주었다.

"더 이상은 학교 운영이 어렵게 됐습니다. 특히 조선어 강습은 어찌나 감시가 심한지…… 이번 달 급료는 형편이 풀리면 곧 드릴 터이니 조금 기다려……."

시경은 뭐라 할 수가 없었다.

기호학교, 중앙학교, 휘문의숙, 중앙학교……. 장안의 온 학교들을 쏘다니며 강의를 하고 강사료를 받지만 큰 액수는 아니었다. 차비에 보태라고 챙겨 주는 그 돈은 시경의 가족이 먹고살 생활비였다. 그러나 민족 학교는 하나둘 문을 닫았고, 조선어 강습은 개설 자체가 어려웠다.

그날 저녁, 시경은 아내 볼 면목도 없이 집으로 돌아왔다. 어린아이들을 챙기는 틈틈이 아내는 삯바느질을 했고 남의 빨래도 해 주며 곡식을 얻어 왔더랬다.

아내가 늦은 저녁을 차려 왔다. 쌀이라고는 구경하기 힘든 나물밥에 멀건 된장국. 아내는 막내에게 젖 먹이랴 세 살배기 밥 떠먹이랴 분주했다.

시경이 말했다.

"이리 온. 아버지가 먹여 주마."

시경은 보통의 아버지처럼 따로 상을 받지 않았다. 여자든 아이든 똑같은 반찬으로 함께 어울려 먹어야 평등한 가족이라고 생각했다.

큰딸 솔메가 말했다.

"저도 동생 밥 먹일 수 있어요. 아버지께선 얼른 진지 잡수셔요."

시경이 흐뭇한 얼굴로 바라보며 말했다.

"우리 솔메, 다 컸구나. 그래 오늘 공부는 좀 했느냐?"

솔메는 종알종알, 오늘 배운 이야기를 했다. 시경의 귀에는 노랫소리보다 행복하게 들려왔다. 시경이 아내에게 당부했다.

"살림이 더 어려워질 거요. 혹시 끼니를 굶게 되더라도 아이들에게 책 사주는 걸 아까워하진 마시오."

아내는 남편의 뜻을 잘 알고 있었다. 요즘 같은 세상에 여자인 자기에게 배움의 기회를 준 남편이었다. 큰딸과 함께 손을 잡고 학교에 다니게 해 준 남편의 뜻을 누구보다 잘 이해했다. 시경의 가족은 천천히 저녁을 들었다.

"주보따리! 나야, 평복이."

웬일로 평복이 찾아왔다. 이미 밤이 깊어가고 있는데 후미진 시경의 동네까지 온 것이었다. 평복은 시경의 아내에게 눈인사를 하고는 조심스레 입을 열었다.

"소식 전하러 왔어. 헐벗이 몰래 조선으로 들어왔어. 자네한테 연락하면 금방 들킬 염려가 있어서 심부름꾼을 내게 보냈더군. 오늘 밤 상동 교회에서 비밀 회합이 열려."

시경은 가슴이 두근거렸다.

'헐빗 선생님! 오셨군요.'

헐빗은 목숨을 걸고 다시 한반도를 찾았다. 시경은 당장이라도 달려가 그를 만나고 싶었다.

평복이 목소리를 더욱 낮췄다.

"헐빗이 입국했다는 소식을 일본 경찰이 눈치챘을 수도 있어. 헐빗과 친했던 사람들한테는 몰래 미행하는 사람이 따라붙었어. 자네한테도 마찬가지일 테고."

평복은 들고 온 보따리를 풀었다. 옷가지가 들어 있었다.

"배달꾼들이 입는 옷이야. 오늘 자네가 내 하인이 되어 줘."

평복은 양복과 모자를 갖춰 썼다. 시경은 평복의 하인이나 점원으로 보였다. 등에는 커다란 짐도 하나 멨다.

"어헛."

짐을 지고 일어서던 시경이 어지럼증을 이기지 못하고 비틀거렸다. 평복과 옆에 있던 시경의 아내가 깜짝 놀랐다.

"괜찮은가?"

"아무 일도 아니야. 갑자기 일어나서 그래."

시경은 아무렇지도 않은 척, 애써 웃었다. 요즘 들어 부쩍 몸이 상했다는 게 느껴졌지만 헐빗 선생을 만날 수 있다면 기어서라도 가고 싶었다.

평복은 시경의 짐을 빼앗았다.

"이건 내가 들고 갈게. 나중에 교대하기로 하고."

아내는 남편의 고집을 알기 때문에 차마 붙잡지 못했다. 그저 속으로 가슴만 태울 뿐이었다.

시경이 집을 나서는데 솔메가 옷자락을 붙잡았다.

"아버지, 어디 가세요? 헐 대감 아저씨 만나세요?"

시경은 집게손가락을 입술에 댔다.

"쉿, 비밀이야."

"헐 대감 아저씨께 옛날이야기 또 해 달라고 전해 주세요."

솔메는 시경을 따라 헐벗의 집에 놀러 간 적이 있었다. 헐벗은 어린아이들을 좋아해서 틈만 나면 재미난 이야기를 들려주곤 했다. 요정이니 마법사니, 조선 아이들은 잘 모르는 신기한 이야기들을 솔메는 좋아했다.

"그래, 우리 솔메는 엄마 말씀 잘 듣고 있으렴. 헐 대감님한테 재미난 옛이야기 듣고 와서 해 줄게."

평복과 시경은 정동 골목으로 갔다.

골목 어귀를 돌아서는데 순찰을 돌던 일본 경찰이 둘을 세웠다.

"정지! 어디 가는 길인가?"

평복은 능청스레 웃었다.

"저기 요리 집에 요시무라 씨가 기다립니다. 늦으면 화를 낼 거요."

경찰은 요시무라라는 말을 듣더니 움찔했다. 평복은 슬쩍 종이돈을 찔러 주었다. 일본 경찰은 더 이상 두 사람에게 캐묻지 않고 길을 터주

었다. 평복이 앞장서고 시경은 그런 평복을 뒤따라 재빠르게 움직였다.

두 사람은 곧장 갈 것처럼 길 한가운데로 걷다가 갈림길이 나오면 잽싸게 몸을 꺾었다. 그러기를 여러 번 드디어 모임 장소인 상동교회에 도착했다. 상동교회 한쪽 방에 속속 사람들이 모였다.

그들은 신민회의 동지들이었다. 빼앗긴 나라를 되찾기 위해 만든 비밀 결사 조직. 그들은 오로지 국권 회복을 위해 모든 것을 내건 사람들이었다.

시경은 하나하나 얼굴을 확인했다. 신채호와 박은식, 양기탁의 얼굴이 들어왔다. 그리고 그리운 얼굴, 조선식 갓을 눌러썼지만 남들과 다른 외모가 눈에 확 띄는 사람. 헐벗이었다.

헐벗의 눈이 잔잔하게 빛났다. 푸른 눈이 맑게 빛나며 시경을 반겨 주었다.

"선생님, 어떻게……."

헐벗은 오랜 여행에 지쳤는지 목소리가 갈라졌다.

"나는 대한의 독립을 위해 싸우다 죽어도 영광입니다."

그의 한마디에 사람들은 아무 말도 할 수 없었다. 누구 하나 헐벗의 말을 의심하지 않았다. 헐벗이 다시 조선으로 온 것은 정말이지 자기 목숨을 거는 일이었다.

헐벗은 신민회의 동지들과 모인 사람들에게 당부했다.

"제가 다시 온 까닭은 이기는 것보다 정의가 소중하다는 믿음 때문입니다. 일본은 코리아에게 진 빚을 갚아야 합니다. 저들의 횡포에 무릎

뚫지 맙시다."

헐벗의 눈길이 시경에게 머물렀다. 뒷자리에 앉은 시경은 당장이라도 달려가 헐벗과 부둥켜안고 싶었다. 헐벗은 시경의 눈을 바라보며 말했다.

"한국어를 교육시켜야 합니다. 여러분의 글자는 귀족을 위한 글이 아니라 모든 사람을 위한 글입니다. 훈민정음을 교육하면 상하 신분의 구분이 없게 되고 국민들의 의식이 깨어납니다. 거룩하신 신께서 부디 한민족에게 무한한 축복을 내리시길."

헐벗의 강연은 피를 토하는 것 같았다. 그만큼 간절했다. 사람들은 속으로 뜨거운 울분을 삼키며 그의 이야기를 들었다.

며칠 뒤, 헐벗은 결국 또다시 추방되었다. 다시는 조선 땅에 발을 딛지 말라는 강제 명령을 받고.

시경은 헐벗을 배웅하지도 못했다. 사람들에게 미처 알릴 틈도 없이 헐벗은 인천항까지 강제로 보내진 뒤 배에 태워졌다. 일본을 지나 미국까지 그에게 감시자가 따라붙었다.

'헐벗, 나의 벗. 대한의 벗.'

시경은 인천 바다가 있는 쪽의 하늘을 그저 바라보기만 했다. 언제 다시 만날 수나 있을지 기약 없는 이별이었다.

'선생님, 기다리십시오. 우리 말모이를 꼭 완성할 겁니다.'

시경은 슬픔을 잊고 국어사전 편찬에 온 열정을 기울였다. 그것이 헐벗과의 약속을 지키는 길이라고 생각했다.

한글, 하나이자 크고 바른

"조선어라는 말을 계속 쓸 수는 없어."

시경은 고민에 빠졌다.

국문도 국어도 모조리 일본말을 가리키게 된 세상이었다. 더 이상 국어라는 말을 쓸 수 없어서 하는 수 없이 조선어라는 말을 쓰지만 마음에 들지 않았다. 국어의 자리를 일본어가 꿰차고 앉은 마당에 조선어라는 말은 자칫 변두리 말, 다른 나라의 말, 2등 국민의 말처럼 밀려나는 느낌이 들었다.

'훈민정음?'

우리 글자는 만들어질 때부터 어엿한 이름이 있었다. 세종 대왕이 백성을 가르치는 바른 소리라는 뜻을 담아 만든 훈민정음이 그것이었다.

'그렇지만 훈민정음은 한자가 아닌가. 더 쉽고 좋은 우리말이 필요해.'

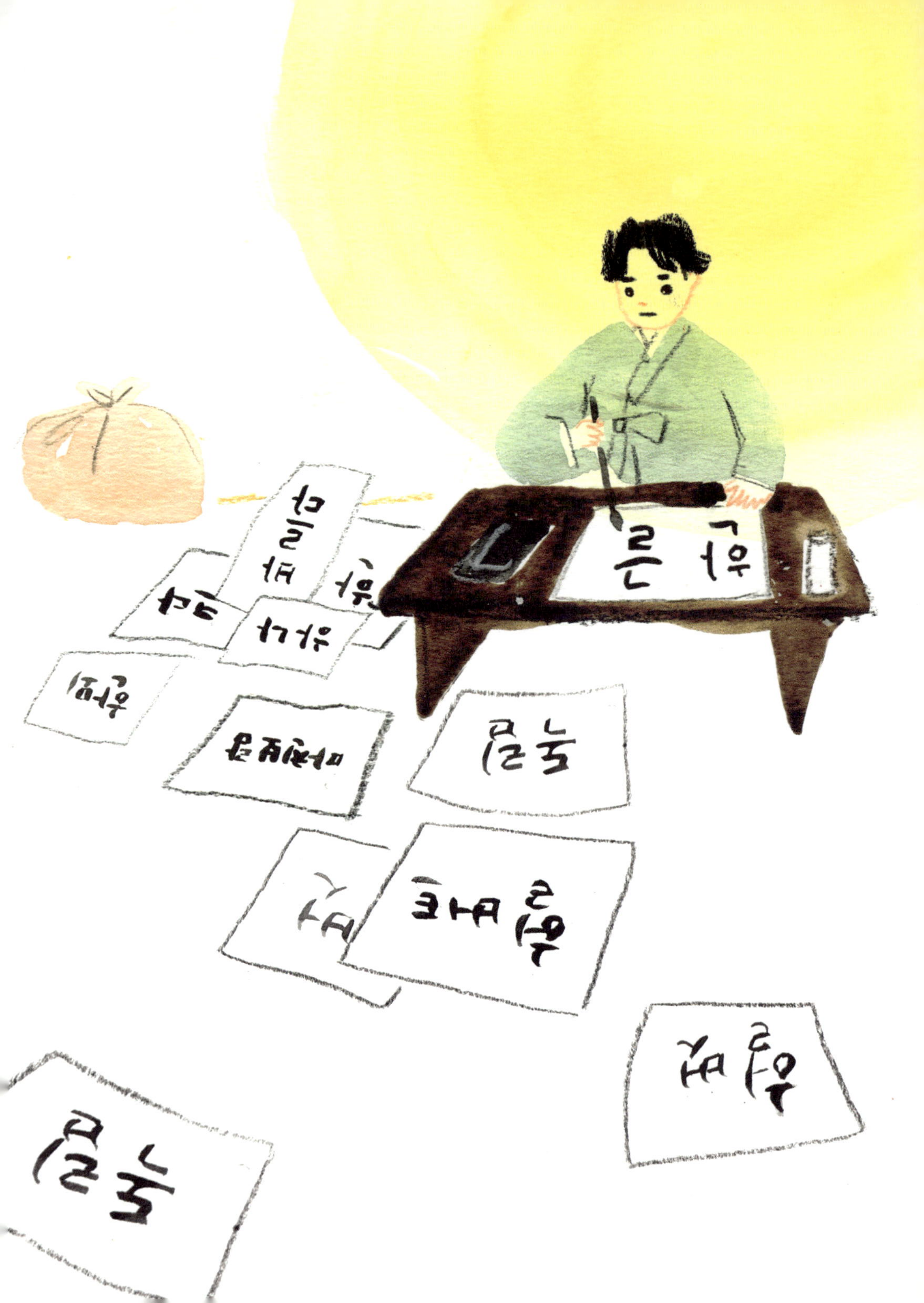

시경은 고심 끝에 '한글'이라는 이름을 지었다.

한글. 하나여서 한 크고 바른 한.

시경은 제자들과 친구들, 그리고 각계각층의 사람들에게 한글이라는 말을 알리기 위해 애썼다.

한 친구가 그런 시경을 비웃었다.

"주시경 자네 고집은 좀 지나쳐. 순우리말로 어떻게 학문을 한단 말인가? 이참에 자네 이름도 순우리말로 바꾸지 그래? 그러면, 그 뭐냐 두루때글?"

시경의 이름을 한자로 쓰면 두루 주(周), 때 시(時), 글 경(經)이니 두루때글이라는 것이었다. 시경은 껄껄 웃어넘겼다.

"두루때글? 나쁘진 않네. 온 강산을 데굴데굴 구르며 다니더라도 나는 한글을 가르칠 거니까."

시경은 자신의 이름을 순우리말로 지었다. 한힌샘. 크고 맑은 샘이 되어 한글을 연구하고 자신과 같은 길을 갈 제자를 길러 내고 싶었다.

드디어 한글 학교의 졸업식이 열리는 날이었다.

시경은 밤새 졸업장을 정성스레 준비했다. 물자가 귀해져서 새 종이를 구하는 건 매우 어려웠다. 구겨진 종이나 앞면을 다 쓴 종이라도 아껴 가며 뒷면까지 써야 하는 시기였다. 그러나 졸업장만큼은 제일 좋은 새 종이로 준비했다.

"자, 한뫼 학생 앞으로 나오세요."

한뫼는 이윤재였다. 스승의 뜻에 따라 한글 이름을 지은 것이었다. 시경은 흐뭇한 마음으로 졸업장을 읽어 내려갔다.

"마친 보람."

졸업장이라는 말부터 바꾸었다. 마친 보람이라고.

"이 사람은 아래와 같은 말의 소리를 두 달 동안 익힘으로 이를 나남 함이라."

나남이라는 말은 났다, 공부를 마쳤다는 뜻이었다. 시경은 한뫼와 솔벗메와 외솔에게 졸업장을 주었다. 무엇을 배웠는지 그 내용까지 순우리말로 바꾸어서 적었다.

학생들은 벅찬 마음으로 졸업장을 받아 들었다.

"세종 임금님 태어나신 지 예순아홉 번째 달의 첫째 날. 보성중학교 안, 말의 익힘 곳에서 스승 한힌샘."

이 제자들은 훗날 조선어 강습원의 원장이 되기도 하고 조선어 학회를 이끈 국어학자가 되기도 했다. 어떤 이들은 국어 연구에 평생을 바치다 일제의 탄압으로 감옥에 갇히기도 했다. 그러나 이날 졸업식만큼은 기쁘고 보람되어서 이들의 앞날에 어떤 일이 기다리고 있을지 아무도 몰랐다.

시경은 제자들에게 당부했다.

"나라는 사라져도 민족은 사라지지 않는다. 우리말을 지키면 우리 정신은 사라지지 않는다. 우리말은 우리 민족의 정신이다. 그러니 목숨 걸고 우리말을 지키자."

 흥겨웠던 졸업식장은 숙연해졌다. 저마다 가슴에 불꽃이 타오르는 것 같았다.

 졸업식을 마치고 시경은 제자 중 한 사람인 솔벗메를 불렀다.

 "축하하네. 무사히 한글 학교 수업을 잘 마쳤군."

 "선생님 덕분입니다."

 시경은 자기의 강의 노트를 솔벗메에게 건넸다.

 "이걸 며칠 빌려 가게나. 자네가 수업 들으면서 적어 놓은 공책이 있겠지? 그거랑 비교해 보면서 빠진 내용은 더 보태고, 고칠 내용이 있으면 고쳐 놓게."

 솔벗메는 두 손으로 시경의 공책을 받아 들었다.

 "저는 아직 실력이 부족합니다……."

 "무슨 소리! 자네가 한글 학교 수업을 맡아야 내가 맘이 편하다네."

 시경은 제자들에게 한글 학교 수업을 맡겼다. 뛰어난 제자들이 한글 교사의 길로 나서게 하려는 목적도 있었지만 또 다른 계획이 시경에게 있었기 때문이었다.

 시경은 수업이 없는 날을 틈타 집안 여기저기를 손보았다. 아내는 모처럼 집에 있는 시경이 고마웠다. 어린아이들이 아버지 곁에서 재재거리며 맴돌았다. 늘 바쁘던 아버지가 집에 계시니 그저 좋았던 것이다.

 시경이 흙 반죽을 이겨 무너진 부뚜막과 벽을 손보는 중이었다. 아내는 괜스레 핀잔을 늘어놓았다.

"그러게, 상마가 들이닥치기 진에 손비 달라고 부타드렸었잖아요. 이 무더위에 일한다고 이 고생을 하시고."

시경이 허허 웃었다.

"어리석은 사람이 더 고생하는 법이오. 당신 말대로 미리미리 손보지 못해 미안하오. 이제부터는……."

시경은 더 이상 말을 잇지 못했다.

아내는 시경이 뒷말을 더 이상 하지 않는 것이 다행이다 싶었다. 남편이 다시 집안일을 거들어 줄 때가 오기나 할까. 시경이 자세한 말을 하지 않았지만 먼 길을 떠나려고 준비하는 게 분명했다. 요즘 들어 부쩍 독립이니, 계몽이니 하는 말을 하는 사람들과 자주 만났다. 우연히 엿듣게 되었지만 이미 몇 사람은 비밀리에 만주로 건너가 일본을 상대로 투쟁할 준비를 한다고 했다. 시경의 얼굴이 바뀐 것은 그때부터였다. 이따금 깊은 생각에 잠겨 먼 북쪽 하늘을 바라보다가 결의 찬 표정을 짓기도 했다. 명절도 아닌데 고향 부모님 댁에 다녀온 것도 불안했다.

"이제부터는, 왜요? 날마다 집에 일찍 와서 아이들과 놀아 주고 저를 도와주신다는 것이지요?"

아내는 짐짓 밝은 표정으로 물었다. 시경은 그런 아내를 물끄러미 바라보았다.

"배는 곯더라도 공부를 게을리 시키진 마시오. 아이들 잘 키우고……."

아내는 기어이 눈물을 보이고 말았다. 시경은 진흙이 잔뜩 묻은 손을 털고 아내의 뺨을 쓰다듬었다.

자기 아이들에게, 이 나라 백성에게 빼앗긴 나라를 돌려줄 실은 부엇인가. 얼과 말, 글을 지키기 위해 자신이 할 일은 무엇인가. 지금 상황에서는 국내에서 독립운동을 벌이는 건 현실적으로 힘들었다. 시경은 동지들과 뜻을 함께하기로 마음먹었다.

그날 저녁 시경은 헐벗에게 편지를 썼다.

지금 어디에 있는지 소식이 닿지 않아 전할 수 있을지 알 수 없는 편지였다. 그러나 헐벗에게 어떤 말이라도 하지 않으면 안 될 것 같았다.

'헐벗, 당신이 코리안 알파벳이라고 부른 우리글의 이름은 한글입니다. 크고 바른 글이라는 뜻이지요.'

시경은 앉은뱅이책상에 앉아 꼬박 촛불을 밝혔다.

'먼 곳에서 당신은 평안하십니까? 이곳 조선은 평안치 못합니다. 국권 회복의 길은 점점 멀게 느껴지고 한글을 공부하는 것도, 한글을 가르치는 일도 힘겹습니다.

저는 동지들과 결심하였습니다.

나라를 되찾는 그날까지 이 한 몸을 바치겠다고. 어린아이들과 아내가 눈에 밟히지만, 사랑하는 이들에게 치욕스런 나라를 물려주고 싶지는 않습니다.

북쪽 땅은 이곳보다 춥고 험하다지요. 먼 조선을 찾아 길을 떠난 당신의 심정이 저와 같았을까요? 저도 길을 떠나려 합니다. 독립의 그날이 오지 않으면 우리글과 말을 지킬 수 없으니까요.'

시경은 마음속에 넓은 세계 지도를 그려 보았다. 만주까지 가는 길도 짚어 보았다. 그리고 세계만방에 일본의 만행을 알리기 위해 애쓰고 있을 헐벗이 있는 곳도 짚어 보았다.

시경은 온갖 우리말 자료로 빼곡한 방 안을 둘러보았다. 좁은 방 한구석에 젖먹이 아기를 뉘인 아내가 모로 누워 자고 있었다.

시경은 손을 휘저어 모기떼를 쫓았다. 아비로서 해 줄 수 있는 거라면 해 줄 수 있는 거였다.

시경은 고된 몸을 눕혔다. 내일을 위해서 푹 자 둬야 했다.

아침 일찍 만나기로 한 사람이 있었다. 먼저 만주로 떠난 신민회 동지가 보낸 사람이었다. 기차표를 구하고 길 떠날 채비를 하도록 비밀리에 도와준 동지들이 생각났다. 기차역에서 검문에 걸리지 않으려면 변장을 해야 했다. 변장에 필요한 옷가지며 물건들도 이미 준비가 되었다.

'바다 건너 조선을 찾아오시던 헐벗, 당신의 마음이 지금 저와 같았을까요?'

시경은 눈을 감았다.

꿈길을 따라 멀리멀리, 헐벗이 있는 그곳을 찾아가 보기로 했다.

에필로그
그들이 떠난 뒤

헐벗이 미국으로 추방된 뒤, 시경은 다시는 그를 만날 수 없었어.

꿈길에서 만나 볼까 하고 생각했던 시경은 다음 날, 허망하게도 쓰러졌거든. 한힌샘 시경은 만주로 떠나기 하루 전 날, 더 먼 길로 다시는 돌아오지 못할 길로 떠나 버렸단다.

만주로 떠날 계획과 채비를 모두 마친 시경은 하루 전날도 무척 바쁘게 움직였어. 그날은 몹시도 무더운 한여름이었는데 시경은 땡볕을 쏘다니며 제자들을 만나고 동지를 만나고 남은 자료를 정리했어. 이미 건강이 많이 상해서 극도의 피로와 영양실조에 빠졌을 텐데 말이야. 잔뜩 허기가 져서 집에 잠시 들렀는데, 집에는 먹을 쌀이 없었던 거야. 시경의 아내는 급히 밭에서 상추를 뜯어 오고 이웃에게 식은 밥덩이를 어렵게 구해 왔어. 그런데 그길로 시경은 그만 쓰러지고 말았어. 급작스레 병을 얻었지만 당시에는 별다른 치료 방법도 없었어. 의원이 손써 볼 틈도 없이 쓰러진 지 사흘 만에 세상을 떴지. 겨우 서른아홉이라는 젊은 나이였어.

제자들의 슬픔은 이루 말할 수 없었어.

내가 부랴부랴 시경의 오두막을 찾았을 때, 시경의 막내는 아무것도 모른 채 손가락만 빨고 있었지. 사람들은 통곡했어.

나는 세상을 다 잃은 것만 같았어.

'주보따리, 자네가 떠나면 어떡하나. 이제 누가 한글을 살린단 말인가.'

시경은 하늘 위에서 이렇게 말했을 거야.

'누구긴 누가 해? 내 제자들이 저렇게 많이 모였잖아. 내가 남긴 연구 자료도 저렇게 있고.'

시경은 가족에게 번듯한 재산은 아무것도 남기질 못했어. 평생 부지런했지만 가난하지 않았던 적이 없었지. 하지만 그는 산더미 같은 책과 자료를 남겼어. 그리고 그의 한글 사랑을 이어 갈 제자를 남겼고.

외솔 최현배, 이병기, 김윤경, 김두봉, 장지영 등 수많은 한글학자들이 시경의 가르침을 직접 받았거나 그 제자의 제자들이었어. 그는 짧은 생애 동안 우리 한글 연구의 기초를 닦고 간 거야.

헐벗은 조선을 진정으로 사랑한 벗이었어. 호머 헐버트는 우리나라의 한글뿐 아니라 아리랑 같은 우리 문화를 세계에 알리기 위해 노력한 사람이지.

헐벗은 미국으로 강제 송환된 후, 42년 동안 우리나라에 발을 디딜 수 없었어. 하지만 그는 멈추지 않고 우리나라의 국권 회복을 위해 누구보다 노력했어. 전 세계 각종 회의장을 찾아 일본 제국의 부당한 침략을 알렸지. 1918년에는 파리

강화 회의를 위한 독립 청원서를 여운형과 함께 작성했어. 또 1919년 삼일 운동 때는 이를 지지하는 글을 발표했어. 1942년에는 워싱턴에서 열린 한국 자유 대회에 참석했지.

우리가 일본의 식민지를 벗어나 해방이 되고 1949년에 대한민국 정부가 수립되었을 때, 초대 대통령이었던 이승만은 헐벗을 초청했어. 그렇지만 헐벗의 나이는 이미 86세. 비행기가 아닌 배를 타고 몇 달을 가서 또 비행기로 갈아타는 일정은 무리였지. 헐벗의 가족은 늙은 아버지를 말렸대. 코리아는 너무 멀고 위험하다고. 하지만 헐벗은 이렇게 말했지. "나는 죽어서 웨스트민스터 사원에 묻히기보다 코리아에 묻히기를 원한다."

헐벗은 자신의 청년 시절, 정의를 위해 모든 것을 바쳤던 코리아에 너무나 오고 싶었던 거야. 헐벗은 지팡이를 짚고 겨우겨우 여의도 비행장에 내렸어. 그런데 그만 지치고 힘들어 병이 들었지. 해방 직후 우리나라는 마땅한 교통 편의 시설도 없었고 의료 기술도 좋지 않았어. 늙으신 할아버지 헐벗은 일주일 만에 서울 청량리 병원에서 돌아가셨어. 가족들 중 아무도 그의 곁을 지키지도 못한 채. 헐벗은 한강 옆 양화진이라는 곳에 묻혔어.

헤이그 특사였던 이준, 이위종, 이상설과 함께 제4의 비밀 특사였던 사람, 시경과 함께 한글 보전과 보급에 헌신했던 사람, 누구보다 우리나라의 국권 회복을 소망했던 사람, 호머 헐버트.

  우리 겨레의 벗, 헐벗. 그를 기억해 주기 바라며.

평화롭고 행복한 세상을 꿈꾸는 고루 기쁨, 평복 씀.

깊이 보는 역사

한글 이야기

시경은 가슴이 벅차오르는 걸 느꼈다.
우리말 사전.
또 하나의 소명이 싹 텄다. 하늘의 별을 길잡이 삼아 길을 찾듯
이 사전은 우리말 연구의 길잡이가 될 것이다.
별이 총총. 푸르고 깊은 밤이었다.

한글로 독립을 꿈꾸다
주시경과 호머 헐버트

오늘날 한글은 세계에서 가장 뛰어난 문자로 인정받고 있어요. 발음 기관의 모양을 본떠 만든 글자로 매우 독창적이고 과학적이며 사용하기 편리하기 때문이에요. 하지만 불과 100여 년 전만 하더라도 한글의 가치는 널리 알려지지 않았어요. 한글보다는 한자를 주로 사용하였기 때문이지요. 나라에서 사용하는 중요한 기록들은 주로 한자로 썼고, 양반도 한글을 낮춰 보고 한자를 사용하였지요.

이런 상황에서 한글의 가치를 알아내고 한글을 통해 사람들의 정신을 일깨우고 나라의 독립을 열어 가려는 사람들이 있었어요. 바로 주시경과 호머 헐버트예요. 이 두 사람은 어려운 상황 속에서도 한글이 갖는 의미를 널리 나누며 독립을 일구어 갈 수 있는 희망을 열어 주었어요.

주시경과 호머 헐버트는 한글로 된 책과 신문 등을 출간하면서 사람들에게 세상의 소식을 알렸어요. 또 한글을 가르치고 제자들을 키우면서 위기에 빠진 나라를 구하고자 힘썼답니다.

▲ 주시경과 함께 한글에 띄어쓰기와 점 찍기를 도입하며 한글 연구를 한 독립 운동가 호머 헐버트예요.

대한 제국 시대 한글에 대한 연구

훈민정음이 만들어진 뒤로도 오랫동안 우리나라 공식 글자는 한자였어요. 하지만 훈민정음이 널리 퍼져 많은 사람들이 사용하게 되자, 1894년 고종은 '법률, 명령은 다 국문으로 기본을 삼고 한문 번역을 첨부하여 혹은 국한문을 섞어서 쓴다.'라고 발표했어요. 이때부터 우리말, 우리글은 국어, 국문이라는 이름으로 널리 쓰였어요.

일본에게 나라를 빼앗긴 이후 우리글은 '한글'이라는 새로운 이름을 갖게 되었어요. 주시경이 '하나의 크고 바른 글'이라는 뜻으로 한글이라는 이름을 지었거든요. 여기에는 우리글을 가르치고 배우며 우리의 얼을 나누고자 하는 마음이 담겨 있어요. 이후 한글은 일제의 식민 지배에 맞서 우리 민족의 힘을 하나로 모으고 나라를 되찾는 데 큰 힘이 되었어요.

주시경의 제자들은 스승이 돌아가시고 나서 뜻을 모아 조선어 연구회를 세웠어요. 조선어 연구회에서는 잡지 『한글』을 만들고, '가갸날(한글날)'도 제정했어요. 또한 한글 맞춤법을 통일하고 한글 사전을 만드는 데 많은 힘을 쏟았어요. 이런 노력들이 뒷받침되어 오늘날 우리가 한글을 쉽고 편리하게 사용할 수 있게 된 거랍니다.

▶ 주시경과 호머 헐버트가 함께 한글 공부를 했던 배재 학당이에요.

『사민필지』

『사민필지』는 조선 최초의 근대식 외국어 학교인 육영 공원의 영어 교사로 온 호머 헐버트가 쓴 최초의 한글 교과서예요. 이 책은 세계 여러 나라에 대한 지리와 역사를 조선을 중심으로 설명한 사회 지리책으로, 많은 조선인들에게 새로운 세상에 대해 눈을 뜨게 하려는 그의 노력이 담겨 있어요.

총 161쪽으로 제1장은 지구, 제2장은 유럽, 제3장은 아시아, 제4장은 아메리카, 제5장은 아프리카로 구성되어 있어요.

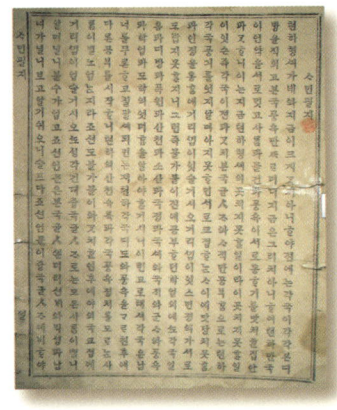

▲ 1889년에 만든 『사민필지』의 초간본이에요

한글 학회

주시경의 제자였던 최현배와 김두봉 등이 중심이 되어 우리말과 글을 연구하기 위해 만든 단체예요. 1921년 '조선어 연구회'라는 이름으로 『한글』 잡지를 발간하고 『조선어 사전』을 편찬했어요. 1931년에는 '조선어 학회'로 이름을 바꾸어 '한글 맞춤법 통일안'을 발표했어요. 일제의 탄압으로 해체될 위기도 있었지만, 8·15 광복 후에는 '한글 학회'로 이름을 바꾸고 6권의 『큰사전』을 발간했어요. 지금도 한글 발전과 우리 문화 발전을 위해 힘쓰고 있어요.

한글가온길

서울 도심 한글가온길에서는 한글과 마주하는 특별한 여행을 할 수 있어요. '가온'은 '가운데', '중심'을 뜻하는 순우리말로, '한글가온길'은 '한글중심길'이란 뜻이에요. 세종 대왕상이 있는 광화문 광장을 출발해 경복궁, 세종로 공원, 세종 예술의 정원, 한글10마당(구세군회관), 한글 학회, 주시경 집터까지 총길이 2.5km를 거닐면서 한글과 새롭게 마주할 수 있어요.

국립한글박물관

국립한글박물관은 우리나라의 대표 문화유산인 한글의 역사와 가치를 일깨우기 위해 마련된 박물관이에요. 이곳에서는 한글을 주제로 한 전시와 재미있는 체험을 할 수 있어요. 한글 도서관과 야외 잔디 마당, 쉼터 그리고 외국인을 위한 한글 배움터가 마련되어 있어요.

▲ 한글에 대해 다양하게 알 수 있고 체험할 수 있는 한글가온길이에요.

▶ 국립한글박물관은 서울시 용산구 서빙고로 139에 위치하고 있어요.

최초의 한글 신문 《독립신문》

 1896년 4월 7일 우리글로 쓴 최초의 신문 《독립신문》이 나왔어요. 주로 나랏일을 백성들에게 알리고, 백성들의 어려움을 나라에 알리는 기사들을 실었어요. 당시 사람들은 이 신문의 기사를 통해 세상 소식을 알고 새로운 나라를 꿈꾸며 희망을 키워 갔어요. 또한 혼란스러운 당시 상황 속에서 많은 사람들에게 길잡이가 되어 주었지요. 이에 《독립신문》이 처음 나왔던 4월 7일을 '신문의 날'로 지정해 뜻깊게 기념하고 있어요.

한글의 가치를 드넓게 펼친 주시경

 주시경은 어려운 여건 속에서도 희망을 잃지 않고 한글을 통해 우리 민족의 독립을 열어 가고자 노력했어요. 그는 호머 헐버트와의 운명적 만남을 통해 한글에 대한 연구를 깊이 있게 해 나갈 수 있었어요. 또한 《독립신문》을 출간하면서 '나라가 발전하려면 백성이 깨어야 하고 백성이 깨려면 우리글이 필요하다'는 것을 새기며 한글 연구에 온 힘을 다했어요.
 주시경은 한글학자로 아름다운 우리글의 가치와 소중함을 깨닫고 이를 많은 제자들과 사람들에게 가르치고 나누었어요. 우리글과 우리말을 잘 알고 지키는 것이 바로 독립을 열어 가는 시작이라며 국어 강습회를 열고 수많은 사람들에게 한글의 소중함을 일깨우며 독립 정신을 북돋았지요.
 더불어 우리글의 문법을 정리한 책을 펴내고 사전도 만들었어요. 제자들은 조선어 학회를 만들어 한글을 정리하고 또 한글을 통해 독립 운동을 펼쳐 갔어요. 이런 노력들로 인해 현재 우리는 한글을 쉽게 배우고 자연스럽게 쓸 수 있게 되었어요.

◀ 《독립신문》은 우리나라 역사상 최초로 만든 한글 신문로, 순 한글로 쓰여진 3면과 영어로 쓰여진 1면이 함께 발행되었어요.

우리나라 사람보다 한글을 더 사랑한 호머 헐버트

　호머 헐버트는 1886년 조선 육영 공원 교사로 조선에 와서 한글을 깨우치며 한글의 매력에 푹 빠졌어요. 하지만 조선 사람들이 한글의 소중함을 모르고 어려운 한자를 쓰는 것을 보면서 『사민필지』를 지었지요. 헐버트는 한글뿐만 아니라 우리나라에 대한 애정이 그 누구보다도 깊어서 헤이그 특사 파견을 돕고 또 일제 강점기 상황에서 독립을 돕기 위해 많은 노력을 하였어요. 하지만 이로 인해 일제의 탄압을 받아 고향인 미국으로 추방당했어요. 해방 이후 1949년 헐버트는 대한민국의 모습을 보기 위해 미국에서 출발했어요. 하지만 안타깝게도 한국에 도착한 헐버트는 얼마 지나지 않아 숨을 거두었어요. 한국 땅에 묻히기를 원했던 헐버트의 유언대로 그는 우리나라 양화진 묘지에 모셔졌어요. 우리나라 사람보다 한글을 더 사랑하고 또 우리나라를 도왔던 헐버트는 우리나라 최초로 외국인 건국공로훈장과 금관문화훈장을 받았어요.

▲ 호머 헐버트와 함께 헤이그 특사에 파견된 이준, 이상설, 이위종이에요.

함께 이루는 아름다운 순간

주시경

호머 헐버트

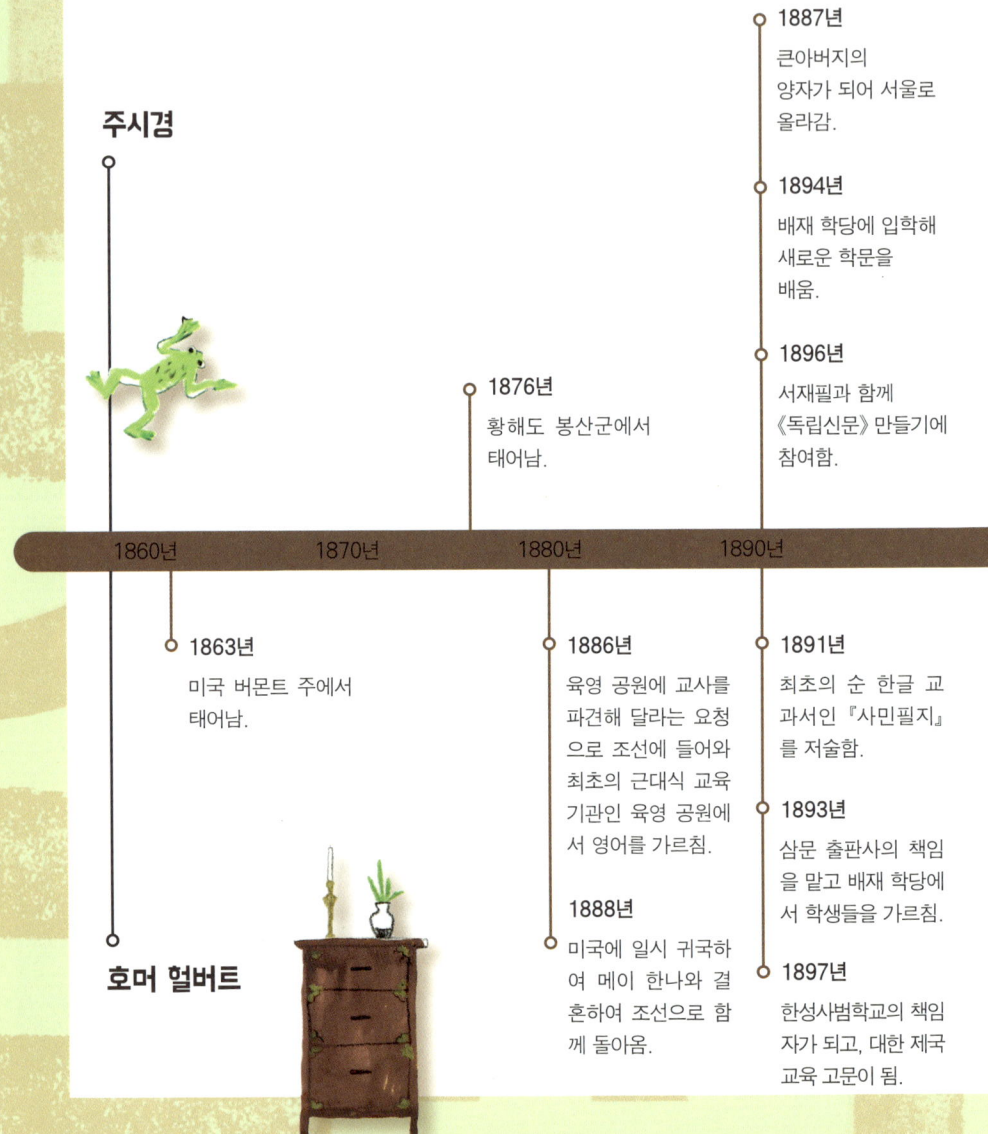

- **1863년** 미국 버몬트 주에서 태어남.
- 1860년
- 1870년
- **1876년** 황해도 봉산군에서 태어남.
- 1880년
- **1886년** 육영 공원에 교사를 파견해 달라는 요청으로 조선에 들어와 최초의 근대식 교육 기관인 육영 공원에서 영어를 가르침.
- **1887년** 큰아버지의 양자가 되어 서울로 올라감.
- **1888년** 미국에 일시 귀국하여 메이 한나와 결혼하여 조선으로 함께 돌아옴.
- 1890년
- **1891년** 최초의 순 한글 교과서인 『사민필지』를 저술함.
- **1893년** 삼문 출판사의 책임을 맡고 배재 학당에서 학생들을 가르침.
- **1894년** 배재 학당에 입학해 새로운 학문을 배움.
- **1896년** 서재필과 함께 《독립신문》 만들기에 참여함.
- **1897년** 한성사범학교의 책임자가 되고, 대한 제국 교육 고문이 됨.

○ **1900년**
학생들에게 국어를 가르침.

○ **1905년**
국문 연구회에 활동하며 국어 연구 기관을 만들어 달라고 상소를 올림. 『국문 문법』을 완성함.

○ **1906년**
『대한 국어 문법』을 펴냄.

○ **1907년**
국어 강습회를 열고 대한 제국 학부에 국문 연구소를 세움.

○ **1909년**
어린이들이 쉽게 한글을 배울 수 있게 『한글 초학』을 펴냄.
한글 맞춤법 통일안의 기본 이론을 세운 『국문 연구』를 펴냄.

○ **1911년**
조선어 강습회를 만들어 한글을 가르침.

○ **1914년**
『말의 소리』를 펴내고 활발히 활동하던 중 갑작스럽게 숨을 거둠.

1900년 — **1910년** — **1940년**

○ **1904년**
AP 통신의 객원 특파원을 지냄.

○ **1907년**
고종에게 네덜란드에서 열리는 제2차 만국 평화 회의에 밀사를 보내도록 건의하고, 한국 대표단보다 먼저 헤이그에 도착해 《회의시보》에 대표단의 호소문을 싣게 하는 등 국권 회복 운동에 적극 협력함. 헤이그 평화 클럽에서 일본의 부당성을 질타한 후 미국으로 돌아감.

○ **1949년**
대한민국 수립 후 국빈으로 초대를 받고 내한하였으나 병사하여 양화진 외국인 묘지에 묻힘.

작가의 말

덤으로 개구리 이야기 하나 해 줄게요.

호머 헐버트는 조선의 옛이야기를 모아 서양의 여러 나라에 소개했어요. 주시경도 어린 친구들에게 이야기 들려주기를 좋아했고요. 주시경이 헐버트에게 이야기를 하나 들려주려다가 돌이 날아오는 바람에 끝까지 못했던 장면, 기억나나요? 그 이야기는 원래 고려 시대의 학자인 이규보의 글에 있어요.

어느 날 임금님이 몰래 혼자 밤길에 나섰대요. 백성들이 어찌 사나 살펴보려고요.

그런데 어떤 집에 밤늦도록 글 읽은 소리가 맑게 들렸어요. 그 집 대문에는 '유아무와 인생지한, 나에게 개구리가 없는 게 인생의 한이구나.'라는 말이 적혀 있었어요.

'대체 이게 무슨 뜻이지?'

임금님도 책을 많이 읽었지만 도무지 뜻을 알 수 없었지요. 임금님은 지나가던 사람인데 하룻밤만 재워 달라고 부탁했어요.

선비와 마주 앉자 임금님이 물었어요.

"내게 개구리가 없는 게 한이라니, 무슨 뜻입니까?"

선비가 웃으며 이런 이야기를 하더래요.

"목소리 거친 까마귀가 꾀꼬리에게 사흘 후에 노래 시합을 하자고 했습니다. 보나마나 꾀꼬리가 이길 게 뻔했지요. 꾀꼬리는 그래도 노래 연습을 열심히 했어요. 하지만 까마귀는 연습은커녕 개구리만 잡았어요. 까마귀는 개구리를 잡아 심판을 보기로 한 백로에게 사흘 내내 갖다 바쳤지요."

임금님은 그 얘기를 듣고 씁쓸했어요. 나라에서 과거 시험을 보지만 시험 감독에게 몰래 뇌물을 갖다 바친 사람들만 뽑혔다는 소리였거든요.

임금님은 날이 환해질 때까지 그 선비와 이야기를 나누었어요. 정말 학식이 높고 훌륭한 사람이라는 걸 알아볼 수 있었지요.

훗날 궁궐로 돌아온 임금님은 과거 시험 문제를 이렇게 냈대요.

〈유아무와 인생지한〉

시험을 보러 온 사람들은 아무도 뜻풀이를 못하고 당연히 그에 걸맞은 글귀도 지어내지 못했지요. 하지만 딱 한 사람, 그 선비는 단번에 술

술 글을 지었어요. 자기와 밤새도록 깊은 학문 이야기를 나누었던 사람이 임금님인 줄은 까맣게 몰랐지요.

　우리는 누군가와 처음 만날 때, 그 만남이 얼마나 귀하고 소중한지 모를 수 있어요. 주시경과 호머 헐버트, 그 선비와 임금님처럼 여러분에게도 아름답고 위대한 만남이 펼쳐지기를 바랄게요.

2018년 4월
안미란

참고한 책

『헐버트 조선의 혼을 깨우다』, 호머 헐버트(저), 김동진(역), 참좋은친구 2016
『파란눈의 한국혼 헐버트』, 김동진, 참좋은친구, 2010
『주시경 연구』, 김민수, 탑출판사, 1986
『주시경전』, 김세한, 정음사, 1974
『우리말 문법』, 최경봉, 이론과실천, 2013
『언어적 근대의 기획』, 김병문, 소명출판사, 2013
『한글만세, 주시경과 그의 제자들 조선어학회 47년간의 말모이 투쟁기』, 이상각, 유리창, 2013
『한글을 지킨 국어학자 주시경』, 햇살과나무꾼, 웅진다책, 2005
『근대의 세 번역가』, 김욱동, 소명출판, 2010
『소설 서재필』, 고승철, 나남, 2014
『선각자 서재필』, 서재필기념회, 정진석, 기파랑, 2014
『독립협회, 토론공화국을 꿈꾸다』, 이황직, 프로네시스, 2007
『고종 시대의 과학 이야기』, 김연희, 사계절, 2015

*사진 제공-국립한글박물관
*이 책에 실린 사진은 소장하고 있는 곳과 저작권자의 허락을 받아 게재했습니다. 저작권자를 찾지 못하여 게재 허락을 받지 못한 사진에 대해서는 확인되는 대로 허락을 받도록 하겠습니다.

토토 역사 속의 만남

주보따리, 한글을 지키다!

초판 1쇄 2018년 4월 5일
초판 4쇄 2022년 1월 24일
글 안미란 | **그림** 방현일
기획·편집 박설아
마케팅 강백산, 강지연
디자인 나무디자인 정계수

펴낸이 이재일 | **펴낸곳** 토토북
주소 04034 서울시 마포구 양화로11길 18 3층(서교동, 원오빌딩)
전화 02-332-6255 | **팩스** 02-332-6286
홈페이지 www.totobook.com | **전자우편** totobooks@hanmail.net
출판등록 2002년 5월 30일 제10-2394호
ISBN 978-89-6496-365-4
　　　978-89-6496-266-4(세트)

ⓒ 안미란, 방현일 2018

이 책은 저작권법에 의해 보호를 받는 저작물이므로 무단 전재 및 무단 복제를 금합니다.
잘못된 책은 바꾸어 드립니다.

제품명: 주보따리, 한글을 지키다! | 제조자명: 토토북
제조국명: 대한민국 | 전화: 02-332-6255
주소: 서울시 마포구 양화로11길 18, 3층(서교동, 원오빌딩)
제조일: 2022년 1월 24일 | 사용연령: 8세 이상
KC 인증 유형: 공급자 적합성 확인
* KC마크는 이 제품이 공통안전기준에 적합하였음을 의미합니다.

⚠ **주의** 아이들이 책의 모서리에 다치지 않게 주의하세요.